Réveillez vos talents !

CHEZ LE MÊME ÉDITEUR

Nelly BIDOT, Bernard MORAT
- *S'entraîner à la PNL au quotidien - 80 jours pour maîtriser les outils de base de la PNL*
- *Que faire quand la vie nous malmène... agir ou subir ?*

Richard CARLSON
Décidez d'être heureux - Le bonheur, c'est dans la tête

Cégolène COLONNA
Intégrer la dynamique du coaching dans sa vie - Ou comment devenir votre meilleur allié

Betty DOTTY (avec Pat ROONEY)
Apprivoiser les sentiments négatifs - Pour sortir du piège que nous tendent colère, rancune, agressivité...

Bruce FISHER
Après la rupture - Reconstruire sa vie après un divorce ou une séparation

Suzanne FORWARD (avec Donna FRAZIER)
Le Chantage affectif - Quand ceux que nous aimons nous manipulent

Pierre LONGIN
Naître à soi-même - L'ennéagramme : se connaître, comprendre les autres et accomplir sa mission

Josiane de SAINT PAUL
Estime de soi, confiance en soi - S'aimer, s'apprécier, croire en soi

Bernard SANANÈS
Devenir acteur de sa vie - Objectif épanouissement : gérer son stress et ses émotions

Claude STEINER (avec Paul PERRY)
L'A.B.C. des émotions - Développer son intelligence émotionnelle

Jane TURNER, Bernard HÉVIN
Construire sa vie adulte - Comment devenir son propre coach

François Besançon
Communiquer avec une victime de l'alcool

Fabrice Lacombe
Arriver à le dire... Même quand c'est difficile - Trouver les mots vrais, le ton juste et l'attitude adptée

Myriam Orazzo
Trop stressé(e) ? Retrouvez le sourire en renforçant votre équilibre personnel

Catherine Foix

Réveillez vos talents !

Dans la vie et au travail

InterEditions

© Dunod, Paris, 2004
ISBN 2 10 007349 4

TABLE DES MATIÈRES

    LE MONDE   35

    Le pouvoir et le contrôle   36
    L'harmonie et la facilitation   37
    L'idéal et le bel ouvrage   38
    L'empathie et le service   39
    La réussite et les défis   40
    L'originalité et la création   40
    Le savoir et la compréhension   41
    La confiance et la loyauté   42
    Le plaisir et l'exploration   43

3. NOS PRÉOCCUPATIONS OU TROIS MANIÈRES
    DE S'INVESTIR DANS LE MONDE   47

    Les besoins matériels   49
    La relation interpersonnelle   51
    Le rôle social   52

4. NOS INTELLIGENCES OU TROIS MANIÈRES D'ABORDER
    LE MONDE   59

    L'homme pensant   61
    L'homme communicant   63
    L'homme agissant   65

5. MATÉRIALISER NOS TALENTS : LES QUATRE DIMENSIONS
    OÙ EXPRIMER NOS COMPÉTENCES   71

    La dimension personnelle : identifier
    et construire sa puissance intérieure   75
    La dimension activités/métier : identifier
    et construire son expertise   104
    La dimension pouvoir/management : identifier
    et construire son leadership   112
    La dimension structure/organisme : identifier
    et vivre son rôle d'intérêt général   127
    Et nos talents… ?   139

INTRODUCTION

AU CŒUR DE TOUTES NOS COMPÉTENCES, NOS TALENTS

CET OUVRAGE EST DESTINÉ à ceux qui constituent, uniques et originaux, la masse des individus qui font l'humanité, au quotidien. En un mot, à vous, à moi, à nous, qui œuvrons, souvent dans l'ombre, à ce que la vie soit ce qu'elle est sur terre et qui peuvent en tirer fierté. Le monde a besoin de toutes nos compétences, des plus humbles au plus prestigieuses. Et au cœur de celles-ci se trouvent nos talents.

Si vous doutez de vos compétences, ne vous découragez pas ! Sollicitez votre talent !

Si vous faites partie de ces personnes pour qui seules sont accessibles leurs compétences directement monnayables dans une fonction, pour qui talent rime avec élite, pour qui avoir du talent implique obligatoirement s'appeler Mozart ou Verdi, César ou Napoléon, Le Titien ou Van Gogh, saint Louis ou

Talleyrand, Robespierre ou Danton, Marie Curie ou Einstein, Platon ou Descartes, Marilyn ou Elvis, Leclerc ou Vercingétorix, Freud ou Lacan, Zola ou Mauriac, Al Capone ou Robin des Bois, Proust ou George Sand, saint Paul ou sainte Thérèse, Picasso ou Renoir, Rodin ou Degas, Noureïev ou Margot Fonteyn, Haroun Tazieff ou Lévy Strauss... et tous les autres, que je ne cite pas et qui habitent nos manuels scolaires, nos encyclopédies et donnent leur nom aux rues de nos villes... *cet ouvrage devrait vous ouvrir des horizons.*

Interrogez-vous. Vous pensez-vous comme une somme de compétences, disponibles et activables pour remplir les responsabilités qui vous sont confiées, que vous prenez ? Ou vous nourrissez-vous de la fascination, de la puissance intérieure que procure le sentiment de s'être trouvé et de se réaliser par l'expression de son talent ?

Vous identifier comme une somme de compétences revient à rentrer dans des référentiels et des profils qui finiront par vous limiter. Certains l'expriment par : « J'ai une étiquette, je n'arrive pas à m'en libérer, je m'y sens piégé(e). »

Formuler votre talent revient à vous trouver. Trouver l'essentiel, ce qui fait la spécificité avec laquelle vous mettez en œuvre vos compétences, vous ouvre des champs de possibles. Vous ne vous limitez plus à une somme de capacités. **Vous avez accès à ce qui fait votre identité. Votre talent irrigue vos compétences. Il est au cœur de celles-ci. Il en est le centre nerveux.**

Fragile, il est sensible au terreau que vous lui donnez : l'environnement et les contextes où vous le faites évoluer. Il a besoin de combustibles : le temps, votre patrimoine énergétique.

Puissant, il nourrit votre vision du monde : les filtres qui stimulent votre mobilisation, vos moteurs internes, la manière dont vous l'abordez, votre domaine principal de préoccupation, et la manière dont vous le percevez, votre type privilégié d'intelligence. Il oriente vos potentialités et enrichit vos ressources et l'expression de vos compétences sur les dimensions, personnelle, activités/métier, pouvoir/management, structure/organisme que nous allons développer ici.

Connaître votre talent vous aide à construire des projets tant personnels que professionnels, qui ont du sens pour vous. Vous les personnalisez. Vous les incarnez quand vous en parlez, car ils viennent alors du plus profond de vous-même.

Se développer personnellement et professionnellement ? Connaître et exprimer son talent ? Avoir un projet de vie qui prenne soin de soi ? Ou encore un projet de vie qui nous transporte ? Pour certains, cela constitue un véritable défi : un talent leur paraît lourd à porter ; ils montrent une fâcheuse tendance à le garder bien caché. Pour d'autres, la passion qu'ils vivent crée leur génie, avec tous les excès qu'elle entraîne. Pour moi, il s'agit, dans tous les cas et à coup sûr, d'une merveilleuse aventure au cœur de nous-mêmes, d'une ouverture sur les autres et sur le monde, dès lors que nous osons nous « lâcher ». J'y vois le pari de la richesse que contient toute générosité : envers nous-mêmes, car, alors, nous fructifions, nous nous exprimons, nous nous déployons, nous nous sentons en vie ; et envers le monde qui nous entoure, où nous tenons alors notre place et où nous aimons cela.

À travers cet ouvrage, je vous propose un voyage créateur de possibles, à la découverte de votre talent. Au fur et à mesure, vous allez, élargir votre « carte du monde », ouvrir des perspectives, rencontrer les structures profondes de votre personnalité, qui font vos spécificités, changer et enrichir le regard que vous portez sur vous et sur vos possibilités. Laissez-vous guider. Cheminez tranquillement. Ne faites rien, surtout, sauf… rester réceptif(ve) aux surprises que vous réservent vos émotions, vos ressentis, vos pensées. Chaque sujet est abordé comme une étape que clôture un exercice. Ces exercices vous permettent, si vous le voulez, de faire le point sur ce qu'il en est pour vous, de structurer toute la matière que vous récoltez au fur et à mesure de vos explorations. Petit à petit vous sentirez se dégager et s'organiser des fondamentaux. Petit à petit vous pourrez dessiner les contours du cadre de vie professionnel et extra-professionnel que vous désirez. Et pour finir, vous pourrez, si vous en avez envie, écrire votre propre livre, « le livre de vos talents ».

La vie émerge de l'organisation et de l'interaction d'éléments simples. Il a fallu six atomes, six « lettres » (C, H, N, O, P, S) pour faire un homme avec sa complexité, quatre molécules, quatre « lettres », pour le codage de ses gènes (T, G, C, A), et aussi, de l'énergie et du temps.

Le talent, de la même manière, émerge presque naturellement de l'observation de ce vers quoi chacun de nous tend spontanément, de l'organisation spécifique de ses potentialités, de ses « possibles », de ses « impossibles », et de leur interaction avec le monde auquel nous appartenons. Pour cela, il suffit… de nous faire confiance, de croire en nous-mêmes, de rester en cohérence avec nous-mêmes, de conserver notre sens critique et notre autonomie vis-à-vis des modes et des besoins artificiellement fabriqués par la société au sein de laquelle nous vivons.

Je vous propose d'explorer au fil des pages, d'abord les environnements et les contextes constructeurs pour vous puis, ensuite, différents ingrédients d'où émerge le talent et d'identifier ceux qui font votre propre talent et votre puissance spécifique. Partout votre talent vous accompagne. Il est votre meilleur allié pour réussir ce dont vous avez envie, à condition, bien sûr, que ce soit cohérent avec les ressources qu'il vous apporte. Il dépasse vos compétences, auxquelles on pourrait, parfois, vouloir vous limiter. Logique de productivité et de consommation oblige ! Il est au cœur de ce qui vous anime. Il est ce autour de quoi s'organise et s'équilibre votre projet de vie dans son volet personnel comme dans son volet professionnel.

Cette exploration comporte différents thèmes : le cadre de vie qui nous construit, environnements et contextes constructeurs, « sens interdits » et « sens autorisés » ; nos combustibles, capital énergétique et rapport au temps ; notre vision du monde, moteurs internes, domaines d'investissement et de préoccupation, types d'intelligence privilégiés, nos ressources, nos compétences, sur les dimensions personnelle, activités/métier, pouvoir/management et structure/organisme.

Pour accompagner et structurer ce voyage, nous allons nous inspirer de deux processus distincts. Le premier, je l'appellerai le processus de création, est fondé sur six escales, en boucles itératives : l'assimilation, l'incubation, l'illumination, la vérification, la formulation, la mise en œuvre. Il correspond à la toile de fond de ce voyage, au chemin que suivra votre maturation intérieure. Vous le suivrez sans vous en rendre compte. Il se nourrira de la richesse des informations auxquelles vous allez avoir accès, petit à petit, au gré de vos investigations. Le second, je l'appellerai le processus de simulation, est fondé sur la mobilisation de vos qualités d'observateur et d'organisateur d'informations. Il vous servira, en phase de synthèse, pour rassembler les multiples données qui émergeront de votre cheminement, pour leur donner du sens et accéder à votre talent, pour tester différentes manières de les organiser, pour les trier, pour imaginer différentes combinaisons et les traduire en possibles et pour faire vos choix.

En final, « le livre de vos talents ». Le voyage que je vous propose est producteur de désirs, de mouvements, de projets qui font partie de votre histoire. Élaborée sur ces ressorts intérieurs que vous allez explorer, riche de ces nouveaux possibles dans lesquels vous vous engagez, c'est l'histoire de vos talents : et si vous l'écriviez ?

Prenez votre temps, c'est à une maturation que je vous invite. Respectez-vous. Prenez soin de vous. Choisissez votre ordre, commencez par ce qui vous parle le plus. Chaque partie est porteuse du tout auquel elle contribue avec sa spécificité propre. Vous pouvez choisir de commencer par les environnements et contextes qui vous construisent, par la découverte de vos « sens interdits » et de vos « sens autorisés », ou encore par celle de vos combustibles que constituent le temps, votre patrimoine énergétique ou bien par votre vision du monde, vos moteurs internes ou comment vous vivez le monde, vos domaines de préoccupation prioritaires ou comment vous vous investissez dans le monde, vos types d'intelligence dominants ou comment vous abordez le monde, ou bien encore, pourquoi pas, par les compétences qui émergent de votre dimension personnelle, activités/métier, pouvoir/management et structure/organisme. Quel que soit votre choix, il vous emmènera, à votre rythme, à la découverte de ce qui fait votre talent.

Un certain nombre de vignettes constituent des références à des situations vécues, des témoignages, des tranches de vie partagées, exprimés de façon implicite : ce ne sont pas des cas mais plutôt des émotions à l'état pur, porteuses d'un message tel qu'il s'est exprimé dans la force de l'instant.

Je vais vous poser de nombreuses questions. J'ai, paraît-il, cette furieuse manie, me dit souvent ma fille ! Ne vous sentez pas obligé(e) de répondre à toutes. Choisissez celles par lesquelles vous vous sentez concerné(e). N'oubliez pas celles que vous pourriez trouver provocatrices. Elles ont peut-être pour vous un sens particulier. Nous nous enrichissons souvent plus de ce qui nous dérange.

Chapitre 1

VOS TALENTS SONT-ILS EN ÉVEIL OU BIEN DORMENT-ILS ?

Partir à leur recherche…

ET SI TOUT COMMENÇAIT PAR UNE HISTOIRE ?

Nous sommes mardi, il est 8 heures, et vous avez préparé avec le plus grand soin nos cinq heures d'entretien. Il faut dire que le jeu en vaut la chandelle ! Vous vous sentez mise sur la touche et pourtant, vous avez en vous le projet qui va vous permettre de rebondir et de donner une nouvelle dimension à votre investissement professionnel. Vous ne le savez pas encore.

C'est votre patron qui m'a appelée. « Catherine, il faut que vous voyiez Sylviane. Elle doit passer à autre chose. Elle ne peut pas l'entendre. Elle pense que je remets en cause le travail accompli. Pouvez-vous réfléchir avec elle sur son projet professionnel ? »

Quand nous nous sommes rencontrées, vous m'avez expliqué vos réalisations, ce que vous avez bâti. Tout cela, balayé d'un revers de manche ? Bien sûr que non.

Vous avez vite senti l'opportunité derrière ce qui, un instant plus tôt, paraissait une menace et vous blessait dans votre sensibilité. Nous avons alors pu reconstruire le fil et, petit à petit, faire émerger ce nouveau projet, cette nouvelle aventure dans laquelle vous vous êtes lancée depuis avec passion.

À l'issue de ce travail, ce sont le courage, la force d'entreprendre et de convaincre, un potentiel de bâtisseuse, qui ont
émergé et se sont affirmés.

*Ce talent, une fois que vous saurez le déployer, personnellement
comme professionnellement d'ailleurs, ne vous quittera plus tant que
vous voudrez le mettre en œuvre.* À vous de trouver simplement les
contextes les plus favorables à son expression. Il est exportable,
il fait partie de vous, de votre patrimoine et il se matérialise
dans vos compétences. Il est cohérent avec vous.

Petites histoires de talents ou les ensorcelés

Marine, Charles, Juliette, Alexandre et les autres, dont vous
allez découvrir l'histoire, ont des points communs malgré leurs
différences : tous ont écouté leur nature et ont suivi le chemin
qu'elle semblait leur montrer. Ces histoires sont inspirées de
rencontres, d'expériences, de tranches de vie partagées, qui
m'ont marquée. Laissez-vous porter, émouvoir parfois, par la
beauté spécifique de chacune. Et pensez à toutes celles que
vous avez côtoyées. À la vôtre. À celles de vos proches. Aux
autres. À tous ceux qui se laissent ensorceler par le plaisir de
s'exprimer, en plein accord avec eux-mêmes, et de réaliser ce
vers quoi ils se sentent portés.

Vous reconnaîtrez peut-être des personnes de votre entourage qui leur ressemblent. Comme eux, elles ont affirmé leur
talent. Elles se sont écoutées. Elles ont pris soin d'elles. Elles se
sont engagées.

Que pensez-vous de leur histoire ? Une aventure ? Un
défi ? Une gageure ? De l'angélisme ? ou simplement la Vie ? Je
vous laisse juge !

MARINE

Marine a toujours été fascinée, hypnotisée… Petite, déjà,
quand les notes de Mozart, de Liszt, de Moussorgsky, ou des
airs tziganes, s'élevaient dans le silence, elle retenait sa respira-
tion et ouvrait grand ses yeux et ses oreilles pour ne rien

perdre de la magie de ces instants de bonheur. Que c'était beau ! En grandissant, courant les expositions de peinture avec ses parents, elle découvre les couleurs, les textures, la pureté du trait et s'émerveille encore que les hommes puissent faire de si belles choses... Léonard de Vinci, Van Gogh, Botticelli, Renoir, Modigliani et tous les autres...

Depuis, elle n'a de cesse de se nourrir de la beauté qui l'entoure. Cela génère en elle des émotions que rien d'autre ne peut remplacer. Elle s'est toujours sentie originale, différente, un peu à part, rêveuse, dans un monde de merveilles et de drames qu'elle ne peut pas partager. Comment dire quand les mots sont tellement plats ?

Aujourd'hui, elle va chercher chez les autres cette beauté enfouie pour la faire émerger de la glaise : leur identité, ce qui fait qu'ils sont différents, uniques, et merveilleux.

CHARLES

Enfant, déjà, Charles avait le goût de la solitude. Ouvert et curieux, assoiffé de connaissances, il partageait son temps entre la lecture et les courses à travers champs, à l'affût de la nature. Il remplissait ses yeux et ses oreilles de ces merveilles. Les odeurs l'ensorcelaient, toutes ces fleurs, ces herbes...

Son esprit éveillé cherchait à comprendre les mystères de la vie. Son imagination débridée lui faisait entrevoir des univers entiers inconnus et tentants. L'insondable, l'invisible derrière le visible, l'impalpable derrière le palpable... il apprenait par tous les sens. Il observait, il se questionnait, il questionnait, dépassant rapidement ses professeurs et les poussant dans leurs retranchements pour savoir... quoi ? Tout... tout ce qu'il reste encore à comprendre, à expliquer, à connaître, à expérimenter, à dire aux autres, peut-être...

Observer, expérimenter, élaborer, imaginer, quel autre terrain que celui de la conscience pouvait mieux se prêter à cette insatiable soif de l'infini ? Il décida de s'y consacrer. Il savait que là était sa voie. Il lui dédia sa vie.

JULIETTE

Juliette a toujours préféré la tranquillité au conflit. Enfant, elle ne se mettait pas en compétition et elle cherchait à satisfaire les autres. Plutôt calme, elle avait également un effet calmant sur les autres. Elle ne s'en faisait pas. Elle disait rarement « non ». Elle avait toujours contribué à l'harmonie et à la conciliation. Avec elle, les problèmes s'aplanissaient. Cela devenait facile. Elle était consciente qu'il fallait faire des concessions. Les autres pouvaient en profiter un peu. Parfois, elle finissait par ne plus très bien discerner les frontières entre elle et eux. Finalement, à son rythme, sans agitation inutile, avec sa bonne humeur, sa douceur, son tempérament égal, l'obstination dont elle savait faire preuve, elle s'est rendu compte qu'elle avait une influence plus importante qu'elle ne le pensait. Elle rendait possibles certaines choses en trouvant la zone de moindre résistance. Certaines situations apparemment insolubles se résolvaient d'elles-mêmes avec le climat qu'elle générait. C'est ainsi qu'elle prit conscience de son talent de conciliatrice et, parfois, de sauveur de causes perdues. Certains pouvaient croire qu'elle ne faisait rien. Mais, sans elle, il ne se passait plus rien.

Médiatrice, c'est dans la diplomatie qu'elle excelle. Aucune cause ne lui résiste !

ALEXANDRE

Aujourd'hui, Alexandre se sent nerveux. Il n'est pas habitué à cela. C'est une nouvelle sensation, une sensation désagréable. Hier, il rendait lui-même les autres nerveux. Ils avaient peur, peur de son énergie, de sa parole directe et cassante, de ses vengeances, de son pouvoir. Le pouvoir, depuis toujours, il a vécu pour cela et maintenant qu'il le sent lui échapper, qu'il a l'impression de perdre le contrôle, il cherche sur qui vont s'abattre ses foudres. « Il leur faut des signes. Je suis encore puissant, ils doivent me craindre. Mes batailles sont justes. » En même temps qu'il réfléchit, il tourne en rond dans la pièce, comme un ours en cage.

Grâce à son énergie, à sa poigne, il a construit un empire. Son courage lui a permis de soulever des montagnes.

Pas question de les laisser prendre le contrôle !

Un meneur, un chef, voilà ce pour quoi il a vécu et vit encore. Son œuvre est là pour en témoigner.

GERMAIN

Aussi loin qu'il s'en souvient, Germain a toujours été actif et séducteur. Il a toujours aimé briller. Tout le monde lui pardonne ses frasques. Germain est un ensorceleur pour la plus grande joie de ses… victimes. Bien sûr, parfois, il va un peu loin ! Mais finalement, il peut se permettre beaucoup de choses, plus que tous les autres. Il en a rapidement pris conscience et il a élevé cette aptitude en art. Est-ce grâce à cela qu'il réussit si bien ? Pas tout à fait.

Il a aussi appris à associer la forme au fond. Il aurait pu être un imposteur, mais il a choisi le prestige et la visibilité sociale et il s'est battu pour en arriver là. Beau parleur, entraîneur, il sait rassembler les foules. Il s'étonne lui-même de cette puissance de conviction. Il n'est pas encore arrivé au bout de l'exploration des domaines de réussite qu'elle lui ouvre.

Il y a encore beaucoup à faire. Il y a encore tant à conquérir ! tant à entreprendre ! Faire ses preuves, gagner !

PAUL

Paul est doué pour le bonheur. Il en a pris conscience petit à petit en voyant autour de lui le monde devenir léger, léger, tellement léger que les autres aiment sa compagnie. Il leur rend la vie douce et joyeuse. Bien sûr, parfois, les autres aimeraient le retenir un peu, pour aller un peu plus loin, avant qu'il ne s'échappe. Ils profitent à peine de lui qu'il est déjà sur d'autres projets, d'autres horizons… mais c'est aussi cela son charme.

Curieux, à l'affût, c'est un déclic qui lui a fait prendre conscience de son talent de dénicheur, de défricheur, de découvreur. Depuis, il ne s'en lasse plus !

Toujours devant, vers autre chose, pionnier... Voilà ce qui fait son plaisir et sa vie.

CLÉMENTINE

La première fois que Clémentine a pris conscience du plaisir infini qu'elle retirait à se rendre utile aux autres, elle était encore une très petite fille. Elle se souvient encore du « merci » de cette dame... grâce à elle... Prévenir leurs désirs... « Sois gentille » lui répétaient ses parents chez qui la valeur d'altruisme tenait une place toute particulière.

Réceptive au vécu des autres, elle en oubliait ses propres peines et se nourrissait, voire parfois s'enorgueillissait de ce qu'elle faisait pour eux. « Si je n'étais pas là... » pensait-elle. Sa modestie était mise à rude contribution.

Jusqu'au jour où elle décida de faire de ce talent sa raison d'être. Les êtres à secourir ne manquaient pas. Elle partit avec une organisation humanitaire.

Elle décida de se dévouer aux enfants. Qui, plus que des enfants, pouvait la regarder avec des yeux aussi pleins de gratitude innocente et lui apporter cet immense bonheur d'exister dans ce regard levé sur elle ?

THOMAS

Thomas hésite. Il doute. Le monde dans lequel il vit est rempli de dangers contre lesquels il convient de se protéger ou de se battre. Mais il n'hésite plus quand il s'agit de défendre une cause juste. Il s'étonne lui-même... il peut prendre des risques, au-delà de tout ce qu'il aurait pu imaginer. Il peut aussi s'en garantir.

Petit à petit, il a découvert que les autres lui faisaient confiance. Il pensait pourtant qu'ils se méfiaient... car lui, il se méfie ! Cela lui permet d'assurer une fiabilité qui le fait apprécier.

Homme de confiance, sa loyauté est sans faille. Construire sur la confiance, voilà sa force ! Il l'a expérimentée avec étonnement et plaisir à la fois.

Et s'il mettait son sens aigu de la justice, au service, bien sûr, de l'équité ?

C'est ce qu'il fait et où il excelle, choisissant avec soin ses combats et déployant des trésors d'énergie.

LOUIS

Louis aime ce qui est bien fait, jusque dans le moindre détail. C'est d'ailleurs le problème, car il en devient intransigeant... mais est-ce vraiment un problème ? Si l'on vise l'excellence, alors bien sûr, tout doit être parfait. Probablement est-il devenu le premier grâce à ce sens inné du détail qui fait la différence. Ses clients ne s'y trompent pas ! Ils savent qu'il ne manquera rien. Il pense à tout, à ce qui se voit et aussi... à ce qui ne se voit pas. Ils en veulent encore. Ils le plébiscitent. Toujours mieux, toujours plus de précision, d'exactitude, de soin... Idéaliste, intransigeant, à ses yeux, chaque œuvre doit être une œuvre d'art... et Louis, infatigable, se remet à l'ouvrage et affine son art jusqu'à atteindre la perfection... des étoiles !

Vous avez deviné, la cuisine est son art, pour le plus grand plaisir de nos sens éblouis : plaisir des yeux, plaisir gourmand, plaisir du nez, plaisir soyeux... Le meilleur, rien que le meilleur.

Si vous écriviez votre histoire...

Et vous, au fait, qu'avez-vous fait de votre talent ? Comment s'est-il épanoui ? ou peut-être, momentanément, assoupi ?

Et si vous le réveilliez ?

Et si vous écriviez votre propre histoire ?

N'essayez pas de copier les histoires qui précèdent. Avec votre propre style, allez-y…

J'ai toujours eu des facilités pour… Aussi loin que je me souvienne… Oui… j'avais oublié… bien sûr ! chaque fois qu'il fallait… c'est moi qu'on appelait ! « Tu sais si bien… » vous disait-on, vous dit-on encore…

Mon histoire de talent commence le jour où. . . . .

Bien sûr, certains d'entre vous penseront que ces histoires ne montrent que le bon côté des choses ! Que la vie, ce n'est pas toujours si rose ! Que parfois, on ne trouve jamais l'environnement, le contexte, le lieu, où se réaliser ! Qu'on n'a pas toujours les moyens de les chercher ! Qu'il y a des personnes pour qui c'est plus facile ! Que nous ne sommes pas tous égaux, sur ce plan !

Et pourtant, si vous regardez bien autour de vous, la vie n'est pas avare de ses richesses. Elles sont plus proches de nous que nous voulons bien le croire ! Savons-nous, voulons-nous, les voir ? Ou bien poursuivons-nous une illusion ? une déception ? une aigreur ? une envie ?

Chaque vie est en soi une œuvre, originale et incomparable. Libre à chacun de la créer, d'en faire, selon sa sensibilité, une symphonie, un spectacle, une aventure, un tableau, une bataille…, avec l'ensemble des matériaux dont il dispose, bien sûr. Il est rare que nous ayons moins de matériaux que nous le pensons. Une chose est sûre, en revanche, nous en avons souvent plus que nous le pensons, car nous avons pris l'habitude de restreindre notre monde de possibles. Réapprenons à regarder et entendre, à sentir. Retrouvons nos capacités de perception d'enfant, ouvrons-nous à ce qui nous entoure.

En écrivant ces petites histoires, j'ai pris le parti de vous montrer des images positives, des choix de vie respectueux de l'écologie et/ou de la passion propre à chacun de ces personnages. Cette écologie, cette passion sont personnelles. À chacun de nous de définir ses propres critères de manière réaliste et sans se mentir. Tout choix est alors respectable. Il n'est jamais demandé à une personne de vivre la vie choisie par quelqu'un d'autre. Mais, parfois, il arrive qu'elle le croie.

Partant de là, certains choix sont plus directement adaptés à notre monde d'aujourd'hui. Mais c'est la liberté de chacun de les faire ou de les refuser… après en avoir identifié les conséquences et s'être préparé à les assumer.

Le monde où nous vivons aujourd'hui a ses contraintes et ses opportunités. La diversité des parcours, des choix, y est toujours infinie. Ouvrons les yeux. Ouvrons les oreilles. Marchons. Parlons. Laissons-nous toucher par ce qui passe à côté de nous. Saisissons-nous de ce qui a du sens pour nous. Méfions-nous des idoles, des modes ! Prenons le temps et… avançons, à notre rythme, dans la direction que nous sentons en harmonie avec nous-mêmes. « Ce n'est pas le chemin avec ses difficultés qui construit un homme, c'est l'homme qui construit son chemin, avec ses difficultés mais aussi ses beautés. »

ET S'IL Y AVAIT UNE PLACE POUR TOUT LE MONDE ?

Et si pour beaucoup d'entre nous, le problème consistait d'abord à la chercher ?

J'ai pu constater que souvent, les choses s'éclairent quand on prend le temps de se poser. Mais la vie « moderne » nous incite plutôt à nous agiter.

Nous consacrons une part non négligeable de notre vie à notre engagement professionnel et/ou citoyen.

Combien de temps consacrons-nous à le penser ? Le construisons-nous ? Quelle place y trouvent nos engagements vis-à-vis de nous-mêmes, vis-à-vis de notre famille ?

Comment se passe notre évolution professionnelle ? La choisissons-nous ? La conduisons-nous ? Ou, peut-être, pensons-nous que l'entreprise (ou la société) doit y pourvoir en nous proposant régulièrement de nouvelles fonctions, de nouvelles opportunités.

Si vous faisiez le point sur vos priorités...

Quelles sont vos priorités de vie ? Pour vous, pour votre vie familiale, pour votre vie sociale, pour votre vie professionnelle . . . .

Sur quels critères vous appuyez-vous pour faire vos choix ?
. . . .

Vos choix, c'est-à-dire vos décisions et ce que vous mettez en œuvre, les respectent-ils ? Sinon, que décidez-vous de garder ? Que décidez-vous de changer ?

Je vous revois encore... « Je veux faire un bilan de compétences. Quand aurons-nous terminé ? » Mais... nous n'avons pas encore commencé ! Voyons d'abord : savez-vous ce qu'est un bilan ? Comment vous est venue cette idée de vous engager dans un bilan ? Qu'en attendez-vous ? Sur quels critères jugerez-vous que le travail effectué a atteint ses objectifs ? Compte tenu de votre charge de travail, de vos responsabilités, de vos obligations familiales, à quel rythme pourrons-nous travailler ? Comment êtes-vous prêt à vous impliquer... ?

Une heure après... « Nous sommes bien d'accord. Vous emportez le questionnaire de préparation, vous y réfléchissez calmement, et quand vous vous sentez prêt, nous démarrons... »

Deux mois après... « Ce bilan m'a permis de faire le point et de reprendre ma route. J'avais un projet latent sur lequel j'ai dû réfléchir en profondeur. Aujourd'hui, je sais ce que je dois faire, j'ai mis de l'ordre dans mes idées. J'ai trouvé mes priorités. »

Parfois il faut beaucoup de temps. Parfois, nous piétinons jusqu'à ce qu'un déclic s'opère. Parfois, c'est trop tôt, il faut attendre que cela ait vraiment du sens. Parfois, cela va très vite, tout est là, il ne reste qu'à se pencher et à... ramasser.

Aller à votre rythme, vous respecter vous-même, trouver le bon moment pour les pauses et les accélérations, savoir attendre et savoir passer à l'action quand vous vous sentez prêt(e), voilà les ingrédients pour un voyage au cœur des talents, constructeur.

Identifier et développer son talent

Mis à part pour ceux d'entre nous qui se sont toujours connu une vocation, une passion, trouver puis mettre en œuvre son talent implique une volonté, celle de le chercher, cadrée par un programme de travail, catalyseur de cette recherche. Cette démarche nous engage car la réponse est en nous, plus ou moins enfouie, mais en nous. Cette réponse ne peut donc venir que de nous. L'autre, le professionnel, est là pour nous accompagner. Il n'a pas de solution miracle, surtout pas : question d'éthique ; vision claire de son rôle, de sa position.

> L'autre jour, vous vous êtes rebiffé. Vous vouliez une réponse. Je vous posais des questions. Vous me demandiez ma solution. Je vous répondais : « quelle est votre idée ? » Vous me parliez « postes », « titres », je vous recentrais sur ressources, motivations, possibles et parfois impossibles. Vous quêtiez mon approbation. Je vous demandais votre opinion. Nous avons bataillé longuement. Vous avez cheminé. Vous m'avez poussée dans mes retranchements. Vous vous êtes mis en colère : « Ce n'est pas cela que j'attendais ! À quoi donc servez-vous ? » À cela, vous ai-je dit, quand tout à coup, le visage éclairé d'un sourire, vous avez commencé à voir clair en vous.

Ce programme, dans lequel je vous emmène ici, a ainsi pour objectif de cheminer avec vous et de vous donner des moyens pour :

✓ identifier le terreau qui vous est favorable et le décrire : il est constitué des enseignements, de la réflexion sur vos sens interdits, vos sens autorisés, vos environnements et contextes constructeurs et du travail sur vos combustibles (le temps, l'énergie) ;

✓ repérer votre regard sur le monde : comment vous le vivez, vos moteurs internes, comment vous l'abordez, vos dominantes sur les trois intelligences, comment vous vous y investissez, vos domaines de préoccupation dominants ;

✓ détecter vos ressources, vos compétences, les regarder avec réalisme, les trier, choisir vous-mêmes celles sur lesquelles vous avez envie de vous exprimer, sur lesquelles vous vous sentez prêt(e) à construire : il s'agit de vos forces et de vos dominantes sur les quatre dimensions, personnelle, activités/métier, pouvoir/management, structure/organisme ;

✓ vous investir et vous tester dans l'expression de vos potentialités, leur affirmation, leur développement par la formulation puis la confrontation avec la réalité ;

✓ les exprimer sur différents registres, en explorer les différents visages ; les apprivoiser, les domestiquer et les emmener plus loin, jusqu'aux frontières ;

✓ trouver votre style personnel, signe de votre spécificité et terrain privilégié de votre valeur ajoutée, votre talent, et les mots pour le dire.

Où que ce voyage nous emmène, ce seront toujours vos choix qui auront le dernier mot. Mais je ne me laisserai pas faire ! Parfois, il vous faudra me convaincre ! Parfois, il vous faudra aller plus loin ! Parfois, je me tairai ! Parfois…

Vous sentez-vous prêt(e) pour ce voyage ?

Un voyage en six escales créatives

Pour qu'un tel voyage soit fécond, nous allons utiliser un processus de création. Le processus de création comprend six escales : l'assimilation, l'incubation, l'illumination, la formulation, la vérification et enfin la mise en œuvre. Elles sont tout aussi importantes les unes que les autres ainsi que l'ordre dans lequel elles interviennent, et le fait que l'on progresse par « boucles » successives. Ces escales sont, en effet, itératives en ce sens que chaque acquis partiel, ou « illumination » vient enrichir la base de données de départ et permet de poser les choses en des termes nouveaux, de réorienter la question et de repartir, d'aller plus loin, jusqu'à la fin du processus, jusqu'à ce que l'objectif soit atteint.

Ce voyage créateur se caractérise donc par des périples successifs de chacun six escales. Au fur et à mesure de ces boucles, vous faites évoluer les données à partir desquelles vous progressez, la manière dont vous vous posez le problème, et vous encadrez votre avancée en vous recentrant sur votre objectif. Vous aurez pris soin de formuler votre objectif avant de vous lancer. Sa formulation est très importante. Prenez le temps de peser les mots.

D'abord, formulez votre objectif

Quand vous aurez fini votre voyage, vous aurez…. vous saurez….

Par quelques mots simples et concrets, décrivez ce que ce voyage doit vous apporter : répondre à quelles questions ? vous donner des éléments pour faire quels choix ? explorer quoi ? aller à la recherche de quoi ? vous conforter dans quoi ? vous provoquer sur quoi ?

. . . .

Ensuite, remémorez-vous les éléments constitutifs de vos priorités, les priorités personnelles et professionnelles que vous vous êtes définies précédemment. Ces deux points, priorités et objectifs, constituent le cadre de départ de votre voyage.

Enfin, vous êtes prêt(e) pour rentrer dans le processus créateur dont voici la description des six escales :

1. L'assimilation

C'est une escale de défrichage, de collecte, d'exploration, d'analyse, qui nous permet de récolter tout ce qui peut nous être utile. Nous posons les données. Nous cherchons à rassembler un maximum d'informations, tout ce qui contribue à alimenter notre réflexion. Les regards successifs que je vous propose de porter sur vous-mêmes, sur vos expériences, sur vos priorités, contribuent à nourrir cette assimilation. Elle va ainsi passer par l'exploration des contextes et environnements qui vous ont construit(e), de vos sens interdits et de vos sens autorisés, de vos combustibles, temps, énergie, de votre vision du monde, manière de le vivre, de vos moteurs internes, manière de vous y investir, de vos préoccupations, manière de les aborder, de vos types d'intelligence, des compétences qui s'expriment sur les quatre dimensions. Cette exploration multidirectionnelle nourrit le travail intérieur de votre cerveau.

Vous avez tout mis à plat et effectué un travail de fourmi auquel vous ne vous attendiez pas. Vous êtes encore étonné(e) de toutes ces richesses, de toute cette matière… Le démarrage a été difficile. Vous n'en compreniez pas l'intérêt. Peut-être, même, au fond de vous-même, sans oser le dire, trouviez-vous tout cela un peu scolaire ! Pas de votre niveau ! Vous balayiez tout d'un revers de main. Tout cela, c'est évident… peut-être, mais alors, pourquoi avez-vous tant de mal à le nommer, à trouver les mots ? Êtes-vous sûr(e) de ne rien oublier, le point qui fera la différence, qui fera que l'on vous donnera la préférence, que vous convaincrez ? Le point qui vous permettra de trouver les champs d'expression qui vous conviennent, cohérents avec vous-même ?

2. L'incubation

Tout en portant en nous notre itinéraire, nous laissons le temps faire son œuvre. Nous pouvons croire en la force de notre inconscient. Il est là pour nous aider, nous accompagner. Il ne se manifeste en revanche qu'à son heure, dans les contextes et les endroits les plus incongrus. Il organise pour nous les données que nous avons rassemblées, sans que nous ayons besoin de faire quoi que ce soit, si ce n'est rester réceptifs et ouverts à ses manifestations, même les plus surprenantes. Plus elles sont riches, plus nous lui donnons de matière pour faire son travail créateur.

N'oubliez donc pas d'avoir toujours sur vous un petit carnet de « cartographie des possibles » où noter ce qui vous vient à l'esprit au moment où ça vient.

Ne soyez pas pressé(e). Attendez. Restez disponible, réceptif(ve), laissez-vous surprendre. À l'écoute, en alerte. Vous verrez, quand cela sera le moment, tout se décantera et prendra sens. C'est… l'illumination et l'impression d'évidence qui l'accompagne. Vous l'aviez toujours su ? C'est bon signe !

3. L'illumination

Le moment où tout s'éclaire, où les choses prennent un sens nouveau, porteur d'ouvertures. Des pistes s'ouvrent à vous. L'intériorisation a été féconde. Il ne vous reste plus qu'à récolter…

4. La vérification

Il s'agit de soumettre au crible de la raison et de la réalité le fruit de votre incubation. C'est la confrontation avec le temps, passé/présent/futur. Elle permet d'affiner, d'ajuster, de recadrer, de situer éventuellement dans la durée, de définir les moyens que vous aurez à mettre en œuvre, l'engagement que cela va nécessiter de votre part… en bref, de préciser.

« Dois-je privilégier l'opérationnel, la production et son management ? J'y ai eu des succès ; ou le conseil ? pour lequel on m'apprécie et on me reconnaît également des compétences. » Manager la production, oui bien sûr, c'est une voic possible, à quoi reconnaîtrez-vous que c'est la bonne ? Le conseil ? C'est encore autre chose ! Comment en venez-vous à cette hypothèse ? Quelles perspectives vous ouvre-t-elle ?

Imaginons : vous allez décrire votre vie dans l'un puis dans l'autre des rôles. Comment vous sentez-vous ? Que faites-vous ?

… Après quelques hésitations, vous avez joué le jeu de cet exercice. Vous vous êtes découvert non seulement une richesse créative insoupçonnée mais aussi des goûts, une motivation, qui vous ont permis de vous donner des critères pour choisir.

5. La formulation

C'est le moment de mettre des mots, de formaliser, de structurer les idées, le projet, pour permettre le passage à l'action. L'idée prend forme et se matérialise car elle est nommée. Il s'agit de construire et de formuler son offre de service.

« Que j'étais mauvais dans mes entretiens avec de futurs patrons ! Ils ne validaient pas mes dires. Enfin, mes dires, plutôt des évidences… quand ce n'étaient pas des exigences ! Que je leur assénais sans vraiment les illustrer de façon tangible ! Je comprends mieux leurs réticences ! » m'avez-vous dit à la fin de notre « voyage ». « Plus je leur donne, plus je reçois d'eux » avez-vous constaté après quelques entretiens.

La formulation est exigeante et peut paraître inutile, de notre point de vue ; et de celui de nos interlocuteurs, que leur apporte-t-elle ? Que leur fournissons-nous ? En quoi cela peut-il nous servir ?

6. La mise en œuvre

Il n'y a plus qu'à planifier et se lancer dans la réalisation.

« Je prends dès demain la responsabilité de… Je n'attendrai pas plus longtemps. Tout est clair, je suis prête. Quant à l'anglais, je commence par une immersion. Finalement, ce n'était pas un problème. » Vous étiez pourtant découragée après ce test qui n'avait pas été brillant. Mais… vous aviez oublié de valider auprès de votre interlocuteur ses critères. Quelle surprise, alors que le découragement vous guettait, quand il vous a rappelée pour vous proposer de le rejoindre ! Vous étiez prête, vous n'avez pas perdu de temps !

Ce voyage exploratoire met ainsi en œuvre une pédagogie créative qui implique que, tout au long, vous ayez à proximité, avec vous, votre « cartographie des possibles » et que vous la fassiez vivre. Il s'agit d'un support, style petit carnet, que vous gardez toujours auprès de vous. Vous y reportez et décrivez chaque « illumination », c'est-à-dire chaque possible, né de l'assimilation et de l'incubation, que vous aurez envie d'explorer plus avant. Vous y notez les résultats de vos vérifications. Elle est la trace matérielle du travail qui se fait en vous, de sa progression et des champs qui s'ouvrent et se ferment au fur et à mesure. Sur la première page, vous notez explicitement votre objectif pour ce voyage ainsi que le point sur vos priorités.

Sur les suivantes, vous noterez vos idées et leur progression au fur et à mesure que vous avancerez.

En y reportant le tableau qui suit, vous pourrez noter vos idées et suivre les progressions de l'assimilation et de l'incubation, ponctuer votre avance et noter les enseignements fondamentaux de chaque illumination.

La cartographie des possibles

Vous allez, au fur et à mesure que vous avancez, noter toutes vos idées, même les plus folles, les décrire, le plus précisément possible, puis les tester autour de vous, en vérifier l'adéquation avec vous-même, les trier et enfin… pour celles qui resteront à la fin du voyage, vous formulerez votre plan d'action.

Mes idées de possibles	Leur description	Les informations tirées de leur confrontation/ vérification

UN TERREAU FONDATEUR

Que signifie ce mot de « talent » ?
Définition selon Le Littré

1. Une unité de poids et une pièce de monnaie grecque représentant la valeur d'une somme d'or pesant un talent ;
2. Un don, une aptitude. Toute disposition naturelle ou acquise pour réussir en quelque chose.

Je vois, j'aborde, j'entends le talent comme une valeur, comme la somme ou plutôt la synthèse de potentialités, disponibles, prêtes à être utilisées. Elles sont là, en nous, mobilisables… mais nous ne le savons pas toujours. Et si cela était porteur d'un grand espoir, sommes-nous prêts à le gérer, pour nous ? pour les autres ? Qu'est-ce que cela change dans le regard que nous portons sur nous ? sur eux ? Sommes-nous prêts à l'assumer ou bien cela nous fait-il peur ?

Le talent, quand il s'exprime, nous donne le pouvoir d'ensorceler le monde : il nous fait sortir de nous-mêmes. Nous pourrions soulever des montagnes. Chaque fois, quand il est là, il y a cohérence, authenticité, entre ce que nous sommes et ce que nous faisons. Vivre, exprimer son talent est porteur d'une joie immense : celle de se sentir se réaliser en accord avec soi-même.

Ces potentialités dont est fait notre talent, circulent. Elles prennent toute leur « patine » dans la confrontation avec le monde, avec les autres. Chercher son talent, c'est bien sûr les détecter, les découvrir mais aussi, les valoriser et, pour cela, accompagner leur mise en circulation constructrice. En effet, différents accidents peuvent se produire. Un talent peut être incompris, étouffé… c'est pourquoi il ne peut pas être regardé en dehors de sa rencontre avec le monde. Bâtir le terrain favorable à son expression, c'est favoriser autour de nous une matière foisonnante faite de hasards et d'opportunités, structurés par le discernement de l'action qu'il faut, au moment où il faut, dans les conditions qu'il faut.

> Vous aimiez la musique et votre intelligence sensible, vive, aspirait à exprimer un talent de compositeur que votre humilité ne vous permettait pas de monnayer. Combien de morceaux avez-vous ainsi essaimé pour le plus grand plaisir de ceux à qui vous les avez dédiés… jusqu'à ce que la réalité, dans sa dureté, vous manifeste qu'il fallait vous engager, qu'il fallait choisir ? La pente sur laquelle vous vous engagiez était de plus en plus raide et la descente de plus en plus rapide. Vous avez eu du courage… et aussi des amis. Aujourd'hui, vous reconstruisez vos priorités avec persévérance, pas à pas. Vous vous reprenez en main. Vous retissez le fil. Et la musique vous accompagne… Reprendre confiance en vous, c'est voir à quel

point ceux qui vous approchent croient en votre talent… et avoir l'humilité de l'accepter !

Il y a donc des préalables à toute réflexion, à toute recherche, concernant notre talent.

Il a besoin d'un terrain d'expression, d'un contexte, d'un environnement, où il va pouvoir se déployer ; il nous faut le reconnaître. Nous sommes un système ouvert, en communication avec son environnement. Nous vivons dans une relation d'interdépendance avec cet environnement. Quand l'interdépendance est constructive, nous nous enrichissons comme nous enrichissons notre entourage. S'il y a un déséquilibre, nous pouvons entrer dans des systèmes (subissant/profiteur/ gentil/agressif) contre-productifs et consommateurs d'énergie. Si la première est à rechercher, les seconds sont à fuir d'urgence !

Les moyens que nous mobilisons pour l'expression de notre talent se manifestent à travers des combustibles :

✓ La mise en œuvre d'une énergie, source de la montée en puissance de potentiels, de volontés, d'attraits. Concernant cette énergie, il nous faut déterminer : Quelle part de notre capital énergétique sommes-nous prêts à mobiliser ? Quel bénéfice en attendons-nous ? Comment préservons-nous l'équilibre entre les impératifs de la réalité et les impératifs de notre écologie propre ?

✓ Le temps, qui, lui, intervient comme un facteur régulateur. Il apporte de la souplesse au système. Il intègre les perspectives dans une continuité passé-présent-avenir et les rend possibles en les planifiant. Il joue également sur les rythmes qui nous sont favorables.

Si nous n'en prenons pas soin, notre talent s'endort

Pour émerger et se matérialiser, notre talent a donc besoin d'un terrain favorable, de notre réceptivité, de combustibles, du temps et de l'énergie, de nos moteurs internes, des filtres spécifiques à notre vision du monde, de nos ressources, nos compétences, de notre engagement dans le passage de l'espoir dont nous sommes porteurs, à l'œuvre dont nous sommes les acteurs.

Naissance d'un talent

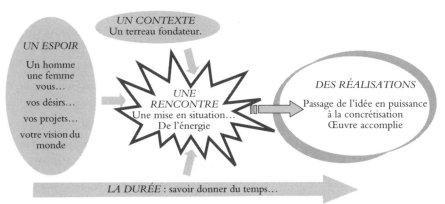

Des contextes et des environnements constructeurs

Tout comme la vie est une « manifestation obligatoire des propriétés combinatoires de la matière »[1], le talent est une manifestation obligatoire de notre rencontre avec le monde qui nous entoure. Il s'exprime dans la fonction que nous allons y prendre. Tout comme dans la vie, il peut y avoir des faux départs ; il n'est pas toujours facile de rester confiant, alors. Et, comme il existe une multiplicité de manifestations de la vie sur la terre, il existe une multiplicité de formes de talents. Elles sont, plus ou moins élaborées, plus ou moins complexes, plus ou moins reconnues, plus ou moins valorisées, selon les époques, les cultures, le milieu où nous vivons. Elles nécessitent toutes une rencontre entre une personne, avec toutes ses potentialités, en quelque sorte une « promesse », et un environnement relationnel, culturel, social, économique… De l'opportunité que génère cette rencontre et de la réponse que chaque personne va lui apporter dépend ce passage de « l'espoir » à la concrétisation et à l'œuvre.

---

1. *In Poussière de vie*, Christian de Duve, 1996.

Chercher son talent, c'est créer les conditions du hasard constructeur pour nous. Savoir le repérer quand il se présente, c'est cela, la réceptivité.

« L'univers est gros de la vie » comme chacun de nous est porteur d'un talent. Talent, dans ce cadre, ne signifie pas que nous faisons partie d'une élite. Cela signifie simplement que nous avons des domaines de facilité et de goût. Ils nous portent sans que nous en ayons conscience bien souvent. Si nous les acceptons pour ce qu'ils sont et si nous savons les faire fructifier, ils nous apporteront des satisfactions au centuple de l'énergie que nous y aurons investie. Il y a à cela un préalable : quoi qu'il arrive, rester en vérité/cohérence avec soi-même. Quand nous commençons à nous couper de nous-mêmes, nous devenons influençables, nous courons le risque de perdre notre âme et de finir par vivre la vie d'un autre, une vie que l'on a voulu pour nous, pas celle qui est faite pour nous, que nous voulons pour nous.

Pour cela, il faut un environnement, un contexte, cohérents avec nous-mêmes et ensuite, accepter d'investir de l'énergie et du temps, nos combustibles.

Tous les contextes, tous les environnements ne sont pas porteurs des mêmes chances et des mêmes risques pour chacun de nous. Ceux qui voient l'un se développer voient l'autre s'étioler. Nous avons peut-être déjà pu le repérer lors d'expériences plus ou moins bien vécues. Ces expériences correspondent à ce que j'appelle, un peu plus loin, nos « sens interdits » et nos « sens autorisés ».

 Identifiez les caractéristiques des contextes et des environnements constructeurs pour vous

Ce sont les contextes et les environnements où nous nous sommes développés, où nous nous sommes sentis bien, en harmonie avec nous-mêmes, où nous avons obtenu des résultats à la hauteur de nos espérances et où ils ont été reconnus. Ils ont des caractéristiques, des spécificités quant à la manière dont on y vit, on y agit, on y est en relation, on y pense…

Cherchez dans vos expériences les plus marquantes et décrivez ces environnements et ces contextes où vous vous êtes senti(e) bien, où vous vous êtes développé(e) ?. . . . . . .
. . . .

Quels fondamentaux se dégagent de vos descriptions ?. . . .
. . . .

À votre avis, sur quoi a reposé votre développement ? Quels indicateurs à garder en mémoire se dégagent ? Ils vous permettront de choisir les environnements et les contextes qui vous sont favorables et d'éviter ceux qui vous sont défavorables. . . . .
. . . .

La vie est trop précieuse pour laisser dormir le patrimoine mis à notre disposition : nos « sens interdits », nos « sens autorisés »

Je suis toujours fascinée par la vie de ces hommes et de ces femmes qui vont au bout d'eux-mêmes. Nous avons tous en nous cette flamme. Qu'en faisons-nous ?

> Vous aviez 7 ans quand vous avez pris votre décision. Vous aviez 11 ans quand vous y avez définitivement renoncé. Votre vie a alors basculé pour… 40 ans ! 40 ans avant de renouer avec vous-même. Différemment, bien sûr, du projet initial. Cela n'avait plus de sens. C'était un renouveau, une révélation, qui vous dotait d'une énergie décuplée.

Comment cela s'est-il produit ? Le hasard ! Le hasard des rencontres dans une vie bien remplie, foisonnante, d'où l'opportunité a pu émerger au moment le plus inattendu. L'action qu'il faut, au moment où il faut, dans les conditions qu'il faut. Créer le hasard qui va nous construire. La contingence, à l'intérieur d'un monde chargé d'informations, naît du système de contraintes au sein desquelles elles vont s'organiser et prendre sens. Il y a dans notre vie, pour chacun d'entre nous, des « sens interdits » et des « sens autorisés », des enchaînements porteurs de réussite, des enchaînements porteurs d'échecs. Chaque fois que nous peinons, c'est-à-dire chaque fois que nos efforts pour intégrer ces contraintes, et les valoriser, nous apparaissent démesurés voire contre-productifs au vu des bénéfices obtenus, il y a fort à parier que nous allons contre le vent, à contre-courant, que nous forçons la nature.

Au contraire, quand nous trouvons nos « sens autorisés », tout va tout seul, il y a valorisation de l'énergie investie.

C'est presque trop facile diront certains. C'est comme si l'énergie, enfin bien dirigée, se démultipliait. Les résultats de nos efforts sont décuplés. Il n'y a pas de mérite, pensez-vous ? Pourquoi ? En êtes-vous sûr(e) ? Aller dans le sens de la vie, c'est, pour moi, laisser s'exprimer nos talents, tels qu'ils sont, là où le terreau leur est le plus favorable.

Pourquoi vouloir à tout prix faire pousser les roses dans la pierraille alors que l'edelweiss y fait merveille ? Faut-il souffrir pour se réaliser ? Où faut-il se réaliser pour trouver du plaisir, du bonheur ?

L'exercice qui suit va vous permettre de faire le point pour vous.

Vous avez certainement expérimenté de telles situations : dans vos « sens autorisés », au fur et à mesure que vous avancez, les difficultés s'aplanissent, les problèmes se résolvent, comme par miracle.

Non seulement vous atteignez votre but, mais vous poussez encore plus loin.

Au contraire, dans vos « sens interdits », vous êtes parti(e) enthousiaste, mais peut-être un peu naïvement…

Au premier écueil, vous prenez conscience que tout à coup s'élèvent des murailles auxquelles vous n'étiez pas préparé(e). Cela vaut-il la peine de continuer ?

Le résultat obtenu vous apportera-t-il un bénéfice à la hauteur de l'énergie investie ? Ne vous êtes-vous pas fourvoyé(e) ?

La situation peut-elle être retournée ? Quels enseignements se dégagent de ce retour sur vos expériences ? Comment pouvez-vous en tirer parti concrètement ?

Explorez vos sens interdits et vos sens autorisés

MES SENS INTERDITS	MES SENS AUTORISÉS
Exploration Dans quels contextes, lors de quelles expériences, avez-vous touché du doigt des sens interdits ? . . . . Qu'avez-vous ressenti alors physiquement, émotionnellement, mentalement ? . . . . Quelles étaient les caractéristiques spécifiques et récurrentes de ces expériences, qui peuvent vous permettre de reconnaître des situations similaires se profiler et ainsi de les éviter ? . . . . *Vos conclusions* Vos indicateurs, vos critères pour repérer les contextes, les soi-disant opportunités, les situations, incohérents avec vous-mêmes, et qui vous épuisent.	*Exploration* Dans quels contextes, lors de quelles expériences, avez-vous touché du doigt des sens autorisés ? . . . . Qu'avez-vous ressenti alors physiquement, émotionnellement, mentalement ? . . . . Quelles étaient les caractéristiques spécifiques et récurrentes de ces expériences, qui peuvent vous permettre de reconnaître des situations similaires se profiler et ainsi de les favoriser ? . . . . *Vos conclusions* Vos indicateurs, vos critères pour repérer les contextes, les opportunités, les situations, cohérents avec vous-même, et qui vous développent. . . . .

Des combustibles

L'énergie et le temps constituent en quelque sorte des combustibles, des forces fécondatrices, dont nous ne mesurons pas toujours toute l'importance. Ils servent de catalyseurs à notre engagement.

L'énergie est ce qui rend possible ce qui n'existe encore qu'à titre de potentiel. Nous avons chacun un patrimoine énergétique propre. Quand nous apprenons à le connaître, nous apprenons à l'utiliser, l'optimiser, le ressourcer. Notre puissance de construction de possibles émerge de l'association d'une attention réceptive à la contingence, au hasard, et d'une volonté d'intégration du système de contraintes où nous évoluons. Il s'agit d'un travail exigeant de synthèse. Consommatrice d'énergie au départ, cette puissance de construction demande un investissement de notre part. Nous le récupérons, voire le décuplons, ensuite à travers ce que crée en nous le sentiment de nous réaliser.

Inventoriez votre patrimoine énergétique propre

Vous pouvez répondre à celles, parmi les questions qui suivent, qui ont du sens pour vous. Puis vous en tirerez quelques enseignements fondamentaux qui vous serviront à prendre soin de vous et/ou à trouver en vous les forces pour vivre pleinement vos passions.

. . . .

Quelles sont vos sources d'énergie ? Où les trouvez-vous ? Comment les canalisez-vous pour en faire de l'énergie utile et non pas dispersée ?

. . . .

Comment permettez-vous au hasard et aux contraintes de cohabiter en vous pour créer du nouveau ? Quelles puissances de création, de construction, y avez-vous expérimentées ? Qu'est-ce que cela vous ouvre comme perspectives ?

. . . .

Si vous êtes né(e) avec un patrimoine énergétique de « 100 », aujourd'hui, combien en avez-vous consommé ? Comment ? Combien en avez-vous régénéré ? Comment ? À combien évaluez-vous votre patrimoine énergétique actuel ?

. . . .

Vous vous sentez pleinement « rechargé(e) » quand…

. . . .

Votre énergie se manifeste en priorité par : de la force physique ? de la force nerveuse ? de la force intellectuelle ?

. . . .

Quels fondamentaux se dégagent de vos réponses aux questions précédentes ? Quelles sont les conditions les plus respectueuses de votre écologie personnelle, pour la mise en œuvre de votre capital énergie ?

. . . .

Quant au temps, il correspond au rythme qu'il va falloir respecter pour laisser ce qui est potentiel émerger, se construire, puis se développer. Y sommes-nous prêts ? Nous avons chacun nos rythmes propres : en les découvrant nous pouvons les intégrer dans nos projets de vie.

Vouloir forcer notre réalité, notre capital, génère inexorablement un stress qui se manifestera un jour ou l'autre : l'effet boomerang. Notre société, qui voudrait vivre comme si l'énergie était inépuisable, comme si le temps était infini…, qui refuse de vieillir, qui refuse de mourir, qui vit comme une autruche, commence à y être soumise. Les catastrophes écologiques, sanitaires, économiques, sociales, à répétition, l'augmentation des taux de mal-être, voire de dépression, dans les civilisations dites développées, en témoignent.

Inventoriez votre rapport au temps

« Laisser le temps faire son œuvre » : quel sens cela a-t-il pour vous ? Quelle expérience en avez-vous ?

. . . .

« Le raccourcissement du temps » : quel sens cela a-t-il pour vous ? Quelle expérience en avez-vous ?

. . . .

« Le temps nécessaire » : quel sens cela a-t-il pour vous ? Quelle expérience en avez-vous ?

. . . .

À quels signes repérez-vous que vous êtes bien dans votre rythme ?

. . . .

Sur quels critères validez-vous les exigences, la pression de votre environnement par rapport aux exigences de votre écologie personnelle ?

. . . .

Quel est votre rapport au temps ? Dans quelles échelles de temps vous situez-vous en priorité ?

. . . .

Le passé : dans quelle proportion intervient-il et pour quoi, dans la manière dont vous abordez les projets, les problèmes, les autres… ?

. . . .

Le présent : comment vous y investissez-vous et pour quoi ? Dans quelle proportion intervient-il dans la manière dont vous abordez les projets, les problèmes, les autres ?
. . . .

Le futur : dans quelle proportion intervient-il et pour quoi, dans la manière dont vous abordez les projets, les problèmes, les autres… ?
. . . .

Quels fondamentaux se dégagent de vos réponses aux questions précédentes ? Quelle manière de prendre en compte le temps devez-vous privilégier pour vous respecter et ne pas vous mettre en danger ?
. . . .

Est-ce compatible avec l'environnement où vous vivez aujourd'hui ? Si vous devez envisager d'en trouver un autre, plus adapté, que devrez-vous vérifier, valider ? . . . .
. . . .

Découvrir notre talent, c'est aussi explorer d'autres directions : notre vision du monde et nos ressources, nos compétences

Pour explorer votre talent, une fois les préalables posés, le terrain dans lequel il va pouvoir s'exprimer défini, vos combustibles identifiés, j'ai choisi de vous emmener au cœur de vous-même. Au cours de ce voyage, nous allons regarder dans différentes directions, de différents points de vue. Toute cette matière, riche, que nous allons recueillir va continuer à alimenter les phases d'assimilation successives du processus créateur. De son incubation vont naître des prises de conscience, des envies, des évidences soudaines, des idées….

Ces directions sont au nombre de quatre :

Les trois premières s'intéressent à votre vision du monde. La dernière vous permet de faire le point sur vos compétences.

1. Vos moteurs internes, votre motivation essentielle, votre manière de vivre le monde : neuf moteurs principaux inspirés des neuf profils de base de l'Ennéagramme (système, issu de l'Antiquité, de

description des sources intérieures des comportements que nous manifestons) ;

2. L'angle sous lequel vous traitez en priorité les problèmes, votre manière de vous investir dans le monde : ce sur quoi vous concentrez votre attention, votre investissement, votre préoccupation première (trois domaines de préoccupations) ;

3. Les logiques intellectuelles que vous mettez en œuvre pour appréhender la réalité, votre manière d'aborder le monde : votre intelligence privilégiée (trois intelligences principales) ;

4. Vos ressources sur quatre dimensions, parmi celles qui cohabitent en nous, et la place relative que vous donnez à chacune (quatre dimensions pour exprimer vos compétences).

Prendre conscience de toutes mes dimensions, de mes différentes manières de…

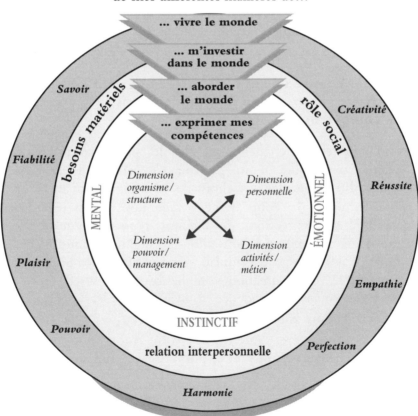

Chapitre 2

NOS MOTEURS INTERNES OU NEUF MANIÈRES DE VIVRE LE MONDE

LES MOTEURS INTERNES sont à l'image des petites histoires de talents qui les illustrent, chacune d'une manière personnalisée et surtout pas exhaustive. Ces histoires sont le reflet de l'interprétation personnelle de ces moteurs internes effectuée par chaque personnage.

Ils orientent nos filtres et nos motivations. Nos filtres, car ils nous font voir et lire la réalité d'une manière particulière. Nos motivations, car ils nous font retenir et rejeter, dans la réalité que nous percevons, des informations spécifiques.

Ils sont de formidables leviers quand nous apprenons à les utiliser. Nous en avons peut-être déjà eu l'expérience.

Ils sont des freins, voire des leurres dangereux, quand nous nous laissons conduire par eux, quand nous rentrons dans un système de fuite en avant. Il y a ainsi danger, plus particulièrement, quand le moteur s'emballe et se met à tourner à vide, quand il chauffe, voire surchauffe, c'est-à-dire quand on se fait prendre à son propre piège et que l'on entre dans l'escalade : aller toujours plus vite sans respecter son rythme, brûler son énergie sans s'accorder les temps de ressourcement nécessaires, forcer la réalité, l'environnement, le contexte et vouloir les faire se plier à sa volonté…

Vous avez peut-être déjà vécu certains de ces dangers, ou vous en avez été témoin.

Entre nous et avec beaucoup d'affection, nous vous appelons « Monsieur Plus » ou « Monsieur Gadget ». Il vous faut le dernier portable, le dernier PC, doté de la dernière technologie de transmission de données sans fil. Votre CV ressemble à la poitrine d'un militaire, il porte toutes vos « décorations ». Parfois vous en riez ; vous n'êtes pas dupe, bien sûr. Mais cela va mieux « avec » que « sans ».

Oui mais, finalement, quel bénéfice concret en tirez-vous ? Et si vous ne les aviez pas, que vous resterait-il ? À quelle richesse cela correspond-il ? Et si, justement, c'est pour celle-ci que tous vous apprécient, vous, plus que vos atours ? Qu'est-ce que cela change pour vous ?

Ces neuf moteurs nous permettent de clarifier nos priorités parmi neuf grands types de motivations : certaines tiennent, aujourd'hui, pour vous, une place plus importante. Vous pourrez déterminer lesquelles et en tirer des enseignements quant à vos priorités de vie.

Les neuf grands moteurs internes

1. Le pouvoir et le contrôle, des autres, des événements.
2. L'harmonie et la facilitation, l'équilibre.
3. Le bel ouvrage, la perfection de ce qui est produit, l'exemplarité.
4. L'empathie, l'aide et l'appui aux autres, la disponibilité.
5. La réussite, l'argent, les signes extérieurs de richesse, le prestige.
6. L'originalité, la différence, la nostalgie, la création.
7. Le savoir, la compréhension, l'observation, la solitude.
8. La confiance, la maîtrise des risques, la loyauté, le devoir.
9. Le plaisir, l'aventure, la découverte, l'exploration.

LE POUVOIR ET LE CONTRÔLE

C'est un moteur important pour vous si vous cherchez en priorité à :

✓ avoir un impact sur le monde ;

✓ repérer où se trouve le pouvoir ;

✓ vous faire respecter par la force et la puissance ;
✓ vous affirmer par la puissance d'action, le goût de faire ;
✓ dire « non » ;
✓ parler direct ;
✓ protéger les vôtres ;
✓ venger les trahisons ;
✓ combattre ;
✓ centraliser les informations, la direction.

Alexandre, dans les petites histoires de talents, a pour moteur le pouvoir et le contrôle et vous en donne une illustration. Bien sûr, elle n'est en aucun cas exhaustive. Elle est une traduction, propre à une personne, de ce moteur puissant.

Vous vous reconnaissez dans le pouvoir et le contrôle ?
Allez plus loin…

En quoi tout cela illustre-t-il ce que vous recherchez dans la vie ? Comment vous y prenez-vous pour l'obtenir ? Quelles satisfactions, quels bénéfices en retirez-vous ? Comment en faites-vous une ressource ? Comment, parfois, vous laissez-vous conduire, voire aveugler, par ce besoin ? Que souhaitez-vous garder ? Que souhaitez-vous changer ?

. . . .

L'HARMONIE ET LA FACILITATION

C'est un moteur important pour vous si vous cherchez en priorité à favoriser, autour de vous :

✓ le calme ;
✓ la tolérance ;
✓ la stabilité ;
✓ l'apaisement ;
✓ la médiation et la conciliation ;
✓ l'intégration sociale ;
✓ le confort ;

✓ la communion affective ;

✓ votre rythme pour avancer, prendre le temps nécessaire.

Juliette vous en donne une illustration. Bien sûr, elle n'est en aucun cas exhaustive. Elle est une traduction, propre à une personne, de ce moteur puissant.

Vous vous reconnaissez dans l'harmonie et la facilitation ? Allez plus loin…

En quoi tout cela illustre-t-il ce que vous recherchez dans la vie ? Comment vous y prenez-vous pour l'obtenir ? Quelles satisfactions, quels bénéfices en retirez-vous ? Comment en faites-vous une ressource ? Comment, parfois, vous laissez-vous conduire, voire aveugler, par ce besoin ? Que souhaitez-vous garder ? Que souhaitez-vous changer ?

. . . .

L'IDÉAL ET LE BEL OUVRAGE

C'est un moteur important pour vous si vous vous mobilisez en priorité sur :

✓ la droiture et la rigueur ;

✓ les standards élevés, le sens du devoir ;

✓ « La » bonne manière de faire ;

✓ l'évaluation et la correction des erreurs ;

✓ la place des normes et de la conformité ;

✓ le sens critique ;

✓ le sens de la qualité ;

✓ le souci de vérité ;

✓ les convictions ;

✓ la conscience professionnelle.

Louis vous en donne une illustration. Bien sûr, elle n'est en aucun cas exhaustive. Elle est une traduction, propre à une personne, de ce moteur puissant.

Vous vous reconnaissez dans l'idéal et le bel ouvrage ? Allez plus loin…

En quoi tout cela illustre-t-il ce que vous recherchez dans la vie ? Comment vous y prenez-vous pour l'obtenir ? Quelles satisfactions, quels bénéfices en retirez-vous ? Comment en faites-vous une ressource ? Comment, parfois, vous laissez-vous conduire, voire aveugler, par ce besoin ? Que souhaitez-vous garder ? Que souhaitez-vous changer ?

. . . .

L'EMPATHIE ET LE SERVICE

C'est un moteur important pour vous si vous cherchez en priorité à vous manifester par :

✓ l'aide et l'entraide ;

✓ le fait de donner pour recevoir ;

✓ la chaleur et la disponibilité ;

✓ une position d'éminence grise ;

✓ le sens de l'humain et des valeurs humaines ;

✓ la place du réseau relationnel ;

✓ la compassion ;

✓ la priorité donnée à la satisfaction des besoins des autres ;

✓ la sensibilité aux sentiments des autres ;

✓ le fait d'être utile aux autres.

Clémentine vous en donne une illustration. Bien sûr, elle n'est en aucun cas exhaustive. Elle est une traduction, propre à une personne, de ce moteur puissant.

 Vous vous reconnaissez dans l'empathie et le service ? Allez plus loin…

En quoi tout cela illustre-t-il ce que vous recherchez dans la vie ? Comment vous y prenez-vous pour l'obtenir ? Quelles satisfactions, quels bénéfices en retirez-vous ? Comment en faites-vous une ressource ? Comment, parfois, vous laissez-

vous conduire, voire aveugler, par ce besoin ? Que
souhaitez-vous garder ? Que souhaitez-vous changer ?

. . . .

LA RÉUSSITE ET LES DÉFIS

C'est un moteur important pour vous si vous cherchez en
priorité à vous affirmer par :

✓ la recherche de l'efficacité ;
✓ la recherche de succès reconnus socialement ;
✓ la volonté de progresser et d'atteindre des objectifs ;
✓ la promotion de projets ;
✓ la rentabilisation de son temps ;
✓ une image de battant(e), de gagnant(e) ;
✓ les résultats et les buts atteints ;
✓ l'impatience ;
✓ la densité d'action.

Germain vous en donne une illustration. Bien sûr, elle n'est
en aucun cas exhaustive. Elle est une traduction, propre à une
personne, de ce moteur puissant.

 Vous vous reconnaissez dans la réussite et les défis ?
Allez plus loin…

En quoi tout cela illustre-t-il ce que vous recherchez dans la
vie ? Comment vous y prenez-vous pour l'obtenir ? Quelles
satisfactions, quels bénéfices en retirez-vous ? Comment en
faites-vous une ressource ? Comment, parfois, vous laissez-
vous conduire, voire aveugler, par ce besoin ? Que
souhaitez-vous garder ? Que souhaitez-vous changer ?

L'ORIGINALITÉ ET LA CRÉATION

C'est un moteur important pour vous si vous vous manifestez
en priorité par :

✓ la finesse et la sensibilité ;
✓ la recherche de l'originalité et de la différence ;
✓ le sens du beau ;
✓ l'imagination créatrice ;
✓ la recherche du respect ;
✓ le besoin de donner un sens ;
✓ le sens du symbole ;
✓ la recherche de l'authenticité ;
✓ la différenciation ;
✓ l'introspection ou son accompagnement.

Marine vous en donne une illustration. Bien sûr, elle n'est en aucun cas exhaustive. Elle est une traduction, propre à une personne, de ce moteur puissant.

Vous vous reconnaissez dans l'originalité et la création ?
Allez plus loin…

En quoi tout cela illustre-t-il ce que vous recherchez dans la vie ? Comment vous y prenez-vous pour l'obtenir ? Quelles satisfactions, quels bénéfices en retirez-vous ? Comment en faites-vous une ressource ? Comment, parfois, vous laissez-vous conduire, voire aveugler, par ce besoin ? Que souhaitez-vous garder ? Que souhaitez-vous changer ?

. . . .

LE SAVOIR ET LA COMPRÉHENSION

C'est un moteur important pour vous si vous privilégiez :

✓ l'analyse et la connaissance ;
✓ l'observation ;
✓ le diagnostic ;
✓ la modélisation ;
✓ la réflexion et l'approfondissement ;
✓ l'autonomie mentale ;
✓ le goût pour le savoir ;

✓ la position d'expert(e) ;

✓ les faits et l'organisation de la pensée.

Charles vous en donne une illustration. Bien sûr, elle n'est en aucun cas exhaustive. Elle est une traduction, propre à une personne, de ce moteur puissant.

 Vous vous reconnaissez dans le savoir et la compréhension ?
Allez plus loin...

En quoi tout cela illustre-t-il ce que vous recherchez dans la vie ? Comment vous y prenez-vous pour l'obtenir ? Quelles satisfactions, quels bénéfices en retirez-vous ? Comment en faites-vous une ressource ? Comment, parfois, vous laissez-vous conduire, voire aveugler, par ce besoin ? Que souhaitez-vous garder ? Que souhaitez-vous changer ?

. . . .

LA CONFIANCE ET LA LOYAUTÉ

C'est un moteur important pour vous si vous vous intéressez en priorité :

✓ à repérer et gérer les risques ;

✓ à structurer ;

✓ à sécuriser ;

✓ à garantir des principes, à rassurer ;

✓ à la gestion des règles, des procédures, des contrats ;

✓ à la vérification et à la fiabilité ;

✓ au sens de la responsabilité ;

✓ à la fidélité dans les relations ;

✓ au sens de la discipline ;

✓ à rechercher une position « d'homme (de femme) de confiance ».

Thomas vous en donne une illustration. Bien sûr, elle n'est en aucun cas exhaustive. Elle est une traduction, propre à une personne, de ce moteur puissant.

Vous vous reconnaissez dans la confiance et la loyauté ?
Allez plus loin…

En quoi tout cela illustre-t-il ce que vous recherchez dans la vie ? Comment vous y prenez-vous pour l'obtenir ? Quelles satisfactions, quels bénéfices en retirez-vous ? Comment en faites-vous une ressource ? Comment, parfois, vous laissez-vous conduire, voire aveugler, par ce besoin ? Que souhaitez-vous garder ? Que souhaitez-vous changer ?

LE PLAISIR ET L'EXPLORATION

C'est un moteur important pour vous si vous cherchez en priorité :

✓ l'optimisme ;

✓ l'innovation ;

✓ la vision ;

✓ la nouveauté ;

✓ l'aventure et la découverte ;

✓ l'humour et les métaphores ;

✓ les changements ;

✓ la conduite de projets créatifs ;

✓ une position de « chef de bande » ;

✓ à bâtir des plans.

Paul vous en donne une illustration. Bien sûr, elle n'est en aucun cas exhaustive. Elle est une traduction, propre à une personne, de ce moteur puissant.

Vous vous reconnaissez dans le plaisir et l'exploration ?
Allez plus loin…

En quoi tout cela illustre-t-il ce que vous recherchez dans la vie ? Comment vous y prenez-vous pour l'obtenir ? Quelles satisfactions, quels bénéfices en retirez-vous ? Comment en faites-vous une ressource ? Comment, parfois, vous laissez-vous conduire, voire aveugler, par ce besoin ? Que souhaitez-vous garder ? Que souhaitez-vous changer ?

. . . .

Alexandre s'affirme en protecteur, paternaliste. C'est dans l'encadrement opérationnel qu'il réussit le mieux. Sa force rassure ses collaborateurs qui peuvent ensuite donner le meilleur d'eux-mêmes. Parfois aussi, elle les écrase. Il sait qu'il doit veiller au dosage moyennant quoi, son énergie apparemment inépuisable joue un rôle fédérateur puissant.

Juliette joue un rôle de régulatrice et dans les associations où elle s'investit, son calme est porteur de réalisations et d'avancées significatives. Elle se fait apprécier par son calme et son sens de l'organisation, de l'ordre. Sur les sujets sensibles dans lesquels elle a choisi de s'investir, elle apporte une vraie valeur ajoutée. Quand elle n'est pas d'accord, les choses n'avancent plus. Les autres ont appris à la comprendre. Ils lui font exprimer ce qu'elle n'avait pas dit pour ne pas les heurter et ils trouvent avec elle un compromis.

Louis peut apparaître à certains, caractériel. Mais quand il s'agit d'excellence, tous reconnaissent son talent et ceux qui l'ont approché ont progressé, même si, parfois, pour certains, cela a pu être douloureux. D'ailleurs, aujourd'hui, il sait se fixer des priorités. Il est un pédagogue recherché et il a contribué à faire émerger des personnalités qui, à présent, volent de leurs propres ailes.

Clémentine a trouvé dans l'humanitaire un sens à sa vie. Elle se sent fière de ce qu'elle fait et ses petits protégés sont son orgueil. Parfois, elle se dit qu'elle devrait penser un peu à elle. Mais finalement, avec eux, elle a appris à recevoir. Et ce qu'ils lui donnent la remplit d'énergie. Souvent, d'ailleurs, elle les en remercie… à leur plus grande surprise.

Germain est animé par le besoin de réussir pour assurer le bien-être de sa famille et pour en tirer une reconnaissance et un statut qui lui sont nécessaires pour se sentir exister aux yeux des autres. Il a su utiliser son leadership et son esprit d'entreprise pour développer un vrai charisme et mobiliser des énergies autour de lui.

Marine se nourrit de la beauté du monde et des émotions que cela génère en elle. Elle y alimente son potentiel créatif. Pour pouvoir l'exprimer, elle a besoin du respect des autres. Sinon, le sentiment de honte ne tarde pas à l'envahir face à leur regard. Elle a su apprivoiser sa sensibilité et faire reconnaître et apprécier sa délicatesse. C'est le droit d'exister tels qu'ils sont qu'elle ouvre aux autres, et qui leur permet d'exprimer leur authenticité.

Charles cherche à faire progresser la connaissance et les savoirs. Il s'est choisi un domaine privilégié. Il a contribué à faire avancer la science et il est considéré comme un esprit pionnier et précurseur. Il a impressionné par la profondeur et la hardiesse de sa pensée. Esprit riche et complet, ses élèves étaient comme hypnotisés par les domaines d'études qu'il leur ouvrait.

Thomas est un intègre et le doute qui l'anime nourrit son profond engagement dans les causes justes. Il est un appui précieux. Il a le sens de la contribution et s'impose comme un homme de confiance. Il rassure. Son courage et son éthique sont reconnus de tous. Il s'affirme comme un élément sécurisant. Il montre le chemin.

Paul est le mobilisateur d'un clan dynamique, conquérant et prêt à des sacrifices pour aller de l'avant, explorer de nouveaux espaces. Il lui faut du mouvement, des stimulations, du changement, et il donne le meilleur de lui-même. Il est toujours prêt à tester, expérimenter ; il contribue à la progression de son entourage.

Faites la synthèse. Quels sont vos moteurs internes les plus forts ?

Quels moteurs avez-vous retenus ? À quels talents vous donnent-ils accès ? Comment faites-vous pour les exprimer ? Quelles satisfactions en retirez-vous ? À quelles limites êtes-vous confronté(e) ?

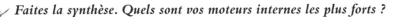

. . . .

Quel impact cela a-t-il sur vos choix de vie ? Y a-t-il des
choses que vous voulez changer ? Si oui, lesquelles ?

. . . .

Quels sont les fondamentaux à retenir ?

. . . .

Chapitre 3

NOS PRÉOCCUPATIONS OU TROIS MANIÈRES DE S'INVESTIR DANS LE MONDE

NOS MOTEURS INTERNES s'expriment différemment selon ce sur quoi ils agissent en priorité. Est-ce satisfaire et organiser des besoins matériels ? Établir et vivre des relations interpersonnelles ? Jouer un rôle social ? On peut aussi parler de la place donnée, dans nos activités, aux problèmes liés à la vie matérielle, aux problèmes liés à la vie relationnelle et aux problèmes liés à la vie collective. Cela joue sur notre vision du monde puisque cela a un impact sur l'angle sous lequel nous nous y investissons.

Privilégier les besoins matériels, c'est approcher les situations à travers les éléments matériels qui les constituent pour les traiter, c'est-à-dire s'investir en priorité dans tout ce qui concerne les besoins vitaux : argent, santé, confort, déplacements, lieu de vie, rythme de vie, organisation pratique, moyens...

Je vous demande de me décrire l'environnement professionnel où vous évoluez. Vous faites le plan de votre bureau et de sa situation à l'étage où il se trouve, vous m'expliquez les moyens techniques mis en œuvre pour faciliter l'organisation du travail et la circulation des informations, les derniers matériels (PC, logiciels), le budget investissements, la frilosité actuelle, alors qu'il faudrait préparer les changements technologiques qui s'annoncent...

Privilégier les relations interpersonnelles, c'est approcher et traiter les situations par tout ce qui implique l'influence, l'action sur l'autre, l'échange, l'autorité, la négociation, la confrontation, la séduction, la conviction, la compétition, l'amitié...

> Je vous demande de me décrire l'environnement professionnel où vous évoluez. Vous me parlez de l'ambiance, à la fois détendue et tonique, des réunions où il faut savoir parler au bon moment et défendre ses idées (d'ailleurs, vous voudriez apprendre à mieux les valoriser), de vos collaborateurs auxquels vous aimez faire partager votre enthousiasme, de votre patron dont vous attendez une véritable valeur ajoutée intellectuelle, sinon, dites-vous, il vous est difficile d'avoir de l'estime pour lui...

Privilégier le rôle social, c'est approcher et traiter les situations à travers tout ce qui a une incidence sur le statut, le titre, l'idéal, la représentation, la position sociale, l'engagement social, la notoriété, les faits de société, les questions de culture...

> Je vous demande de me décrire l'environnement professionnel où vous évoluez. Vous m'expliquez la structure hiérarchique et les principes d'organisation qui ont conduit au choix de cette organisation matricielle, les valeurs et la culture d'entreprise dans lesquelles ils s'inscrivent, les impératifs liés à votre fonction, à votre statut, l'importance des enjeux collectifs, les associations et syndicats professionnels auxquels vous donnez de votre temps, la responsabilité que vous estimez avoir vis-à-vis de la société...

Tout ceci vous paraît peut-être un peu caricatural. Et pourtant, je rencontre les trois types de réponse en fonction de ce qui préoccupe prioritairement mon interlocuteur : son confort matériel et l'organisation de son espace, ce qu'il attend des autres et ce qu'ils attendent de lui, ce qu'il pense d'eux ou ce qu'il pense tout court, ou bien la compréhension de l'architecture qui sous-tend l'organisation et les caractéristiques de la culture de son environnement.

Chacun de nous porte un regard différent sur les enjeux qui l'entourent en fonction de ce sur quoi porte sa préoccupation principale. Cela a des répercussions sur les domaines où nos talents vont le mieux s'exprimer. Cela change, bien sûr, au cours de notre vie.

LES BESOINS MATÉRIELS

Si vous êtes centré(e) en priorité sur les enjeux d'ordre matériel, vous vous préoccupez de tout ce qui a trait à la vie au quotidien, aux besoins primaires et fondamentaux liés à la survie. Vous avez de l'intérêt pour les fonctions « supports », pour les moyens généraux, pour la maintenance, pour les secteurs qui concernent la vie pratique, la logistique, l'organisation, la gestion, la production d'objets ou de résultats mesurables et tangibles.

Vous vous investissez dans le « faire ». Vous vous mobilisez sur les risques, la sécurité, la qualité, le contrôle, les contrats, la recherche appliquée, la finance, l'assistance, le transport, la santé, l'hygiène, la fabrication, l'environnement, l'assurance, la géologie, la géographie….

Vous n'avez pas votre pareil pour prendre en charge l'organisation d'un voyage. Déjà, étudiante, les week-ends entre amis et les projets humanitaires chaque été, c'était vous. Si cette expédition en Inde, pour aider à la construction d'une école, a pu se réaliser, c'est encore grâce à vous et à votre esprit pratique sans faille.

Vous avez choisi d'être architecte. De l'extérieur à l'intérieur, vous savez tirer profit de l'espace sans jamais faire de concessions sur l'esthétique. Vos conceptions audacieuses intègrent les exigences du quotidien. C'est là que vous faites la différence. Rien n'est gratuit, tout est pensé pour faciliter la vie de chacun des occupants.

Vous aimez l'argent et il vous aime. Vous le respectez. Sous vos doigts habiles se crée de la richesse. Vous commencez par la gérer. Vous avez appris à compter.

Vous avez choisi le contrôle de qualité car vous aimez travailler sur ce qui existe, sur des données tangibles.

Quand vous parlez de vous, de vos goûts, de vos occupations, ce sont les aspects pratiques des choses qui dominent. Vous connaissez toutes les bonnes adresses pour acheter à bas prix le dernier… Vous connaissez les dernières trouvailles de Mr Bricoleur. Quant à votre cuisine, elle regroupe les gadgets les plus variés que vous pistez au quotidien.

Expert en assurances, c'est vous qui menez les études de responsabilités en cas de vice de construction.

Votre métier : concevoir les systèmes de filtres qui permettent d'améliorer la qualité de l'air rejeté par les fumées industrielles.

Il ne faut pas déranger votre rythme. Il est sacré. Vous structurez votre temps sans accepter que d'autres viennent y mettre leurs contraintes.

Vous vous reconnaissez dans la préoccupation des besoins matériels ?
Allez plus loin…

Quels sont vos investissements dans ce domaine ? En quoi consistent-ils ? Quelles satisfactions y trouvez-vous ? Quelles insatisfactions y trouvez-vous ? Quelles opportunités y voyez-vous ? Quelles contraintes y sentez-vous ? Comment faites-vous pour les supporter ?

. . . .

Quelles sont vos contributions concrètes dans ce domaine ? Quelles ressources vous reconnaît-on ?

. . . .

> Quel rapport vos activités, qu'elles soient professionnelles ou extra-professionnelles, ont-elles avec ce domaine ?
>
> . . . .

LA RELATION INTERPERSONNELLE

Si vous êtes centré(e) en particulier sur la relation interpersonnelle, vous vous nourrissez des échanges interindividuels, vous recherchez la communication avec ce qui vous entoure, vous aimez l'emprise, l'impact, sur les autres, le « face-à-face » sous toutes ses formes. Chaque occasion est une invitation à mettre en jeu votre existence pour l'autre et la forme qu'elle prend. Vous cherchez à entrer dans le monde de l'autre. Vous êtes attiré(e) par les fonctions commerciales, le marketing, la communication, les ressources humaines, les métiers d'avocat, de juge, par le jeu d'acteur, par tout ce qui vous fait agir sur des flux d'informations, l'écriture, la pédagogie, le journalisme, l'ordre, la représentation syndicale, le conseil, les soins, les médias, l'encadrement, l'histoire….

Vous sculptez. Vous avez une relation quasi-charnelle avec l'objet que vous créez. Vous lui parlez et il vous répond. C'est peut-être là que réside le secret de votre talent…

Vous lisez, vous dévorez des romans avec une avidité qui prend racine, expliquez-vous, dans la relation qui se crée entre vous et votre héros dans le livre.

Vous prenez possession de l'espace et des autres, vous aimez vous colleter ; il vous faut des relations toniques sinon… vous les générez !

Vous avez toujours été habile avec les mots. Vous faites en sorte qu'on vous écoute. Vous savez raconter, cela facilite les choses. Parfois, vous pouvez lasser par vos monologues. L'humour est alors votre meilleur allié pour séduire.

Vous avez choisi l'enseignement et vous faites partie de ces enseignants que leurs élèves aiment et respectent. Ce que vous aimez, ce n'est pas tant la matière à enseigner que la pédagogie qui fait l'objet de toute votre attention et que vous savez adapter en fonction de votre auditoire. Les résultats sont au rendez-vous et vous en êtes fier.

Vous avez besoin de compétition, de vous battre contre un autre et d'avoir le dessus. L'émulation est un mode de management qui marche bien avec vous.

Vous avez encadré des commandos d'intervention. Vous aimez emmener avec vous des hommes et des femmes dans l'action. Le terrain, en équipe, voilà votre espace de prédilection.

Il y a chez vous un fonds révolutionnaire et certains vous voient en pasionaria haranguant les foules. Votre charisme vous fait peur parfois.

Vous vous reconnaissez dans la préoccupation des relations interpersonnelles ? Allez plus loin...

Quels sont vos investissements dans ce domaine ? En quoi consistent-ils ? Quelles satisfactions y trouvez-vous ? Quelles insatisfactions y trouvez-vous ? Quelles opportunités y voyez-vous ? Quelles contraintes y sentez-vous ? Comment faites-vous pour les supporter ?

. . . .

Quelles sont vos contributions concrètes dans ce domaine ? Quelles ressources vous reconnaît-on ?

. . . .

Quel rapport vos activités, qu'elles soient professionnelles ou extra-professionnelles, ont-elles avec ce domaine ?

. . . .

LE RÔLE SOCIAL

C'est au niveau des groupes et des structures, des grandes masses, des collectifs, que vous agissez de manière privilégiée. Vous vous voulez porteur (se) de quelque chose, d'un message, d'une mission, vous vous sentez « représentant(e) », voire défenseur, de causes, ambassadeur, chercheur sur des sujets de portée culturelle, d'intérêt général, anthropomorphique, historique, politique, social, sociologique, éthique, démographique, scientifique, philosophique, moral, spirituel ; vous modélisez, vous êtes « le berger/la bergère », « le meneur/la meneuse », « le/la guide », « le patriarche/la déesse-mère », c'est au nom d'un rôle, d'une responsabilité, dont vous avez été investi(e) ou dont vous vous êtes vous-même investi(e), que vous vous adressez aux autres,….

Vous vous êtes toujours senti(e) porteur(se) vis-à-vis des autres, d'un rôle où vous puisez votre raison d'être. Quand vous vous exprimez, c'est à ce titre. Quand vous agissez, c'est dans l'intérêt collectif.

> C'est au nom d'un idéal que vous cherchez à imposer, que vous agissez. C'est un comportement à double tranchant quand vous vous transformez en réformateur/moralisateur d'une société qui vous demande, simplement, de faire votre travail.

> Vous vous sentez investi de la responsabilité de faire savoir les dérives que vos fonctions de chercheur vous laissent entrevoir dans la confusion qui existe, parfois, entre les impératifs de l'argent, les impératifs du pouvoir, les impératifs de la science. Cela passe, pour vous, par la recherche et les publications.

> L'étude des civilisations a guidé vos choix de vie. Vous la leur avez donnée, d'ailleurs.

Ce sont la collectivité, le groupe, qui sont l'objet de toute votre attention et sur lesquels vous cherchez à agir. On dit de vous que vous avez de piètres qualités de manager ; mais on vous reconnaît du génie stratégique.

> Vous avez choisi de travailler la philosophie, et de vous investir dans les événements qui font l'histoire, hier et aujourd'hui.

C'est la portée culturelle et économique des décisions et des orientations prises qui vous intéresse.

Vos travaux ont une portée sociale d'où vous tirez votre stimulation.

C'est dans les groupes que vous avez vécu vos meilleures comme vos pires expériences.

Vous vous reconnaissez dans la préoccupation du rôle social ?
Allez plus loin…

Quels sont vos investissements dans ce domaine ? En quoi consistent-ils ? Quelles satisfactions y trouvez-vous ? Quelles insatisfactions y trouvez-vous ? Quelles opportunités y voyez-vous ? Quelles contraintes y sentez-vous ? Comment faites-vous pour les supporter ?

. . . .

Quelles sont vos contributions concrètes dans ce domaine ? Quelles ressources vous reconnaît-on ?

. . . .

Quel rapport vos activités, qu'elles soient professionnelles ou extra-professionnelles, ont-elles avec ce domaine ?

. . . .

Germain, Thomas et Alexandre ont pour préoccupation prioritaire les besoins matériels et, à travers cela, la survie — la leur, celle de leur environnement :

Germain est avant tout attentif aux aspects matériels. Il mobilise son attention sur tous les objets dernier cri du parfait « battant » et a besoin de se valoriser en possédant le dernier agenda électronique, le dernier portable, le dernier PC, le plus petit, le plus plat, le plus léger, le plus puissant… avant de s'en lasser pour celui qui vient de sortir. L'argent et tous les signes de richesse jouent un rôle important dans sa vie. Il n'est pas dupe de lui-même et c'est pour lui et ses amis un sujet de plaisanterie. Plutôt généreux, il en fait profiter son entourage.

Thomas crée un cercle amical autour de lui qui le sécurise. Il ne se sent pas seul. Il sait qu'il peut compter sur ses amis ; lui-même est attentif à eux. Il a besoin de sécurité. Elle passe par la chaleur qu'il ressent autour de lui. Il a besoin d'appui. En cas de défaillance, il se sent facilement trahi. Sa survie passe par le fait de se sentir entouré d'une ambiance chaleureuse.

Alexandre est en quelque sorte le patriarche et chacun sait qu'il est attentif aux moyens dont disposent ses proches, que ce soit sa famille ou ses collaborateurs. Il veille au confort des lieux où ils sont ensemble. Il veille à ce que chacun ait bien tout ce dont il a besoin. Il prend sous sa coupe ceux qui sont dans le besoin. Ils lui sont alors redevables. Ils le savent.

Clémentine, Paul et Juliette ont pour priorité la relation interpersonnelle :

Clémentine s'investit dans la qualité du lien qu'elle crée avec ses protégés. Il est à la base de l'action qu'elle met en œuvre. Il y a dans sa relation avec chacun une forme de séduction mutuelle, sur laquelle elle base son influence. Elle les attire comme un aimant. C'est ainsi qu'elle arrive à obtenir d'eux plus encore que personne ne l'avait pu avant elle. C'est pour elle qu'ils se laissent guider et reviennent petit à petit à la société. Elle se laisse séduire par eux, par leur personnalité, par leurs rêves, leurs joies, leurs peines, qu'elle partage avec eux comme jamais personne ne l'avait fait avant elle, sans arrière-pensée.

Paul est fasciné par tout ce qui passe à sa portée et par quoi il se sent irrémédiablement attiré. Son appétit de découverte est insatiable. Il papillonnerait s'il n'avait pas trouvé quelques axes directeurs, et surtout des projets et des objectifs pour se canaliser dans la durée. Il n'en demeure pas moins que chaque nouvelle rencontre est source de fascination pour lui.

Juliette cherche la fusion avec son entourage. Il est important pour elle de jouer le rôle de conciliatrice, de ciment, pour favoriser l'union des énergies. Elle permet aux tensions de se dissoudre. Elle s'oublie, jusqu'à se fondre elle-même, parfois, dans cette dissolution. « Qu'importe, dit-elle, si chacun se sent bien grâce à cela ! »

Charles, Marine et Louis ont des préoccupations d'ordre prioritairement social :

Charles vit sa mission dans sa dimension sociale. Il travaille pour l'humanité. Il voit son rôle dans sa fonction de contribution à l'intérêt général. Il est au-dessus des contingences matérielles et interactionnelles. Il donne son œuvre à la postérité.

Marine a également un sens social aigu de sa position dans la société et elle donne à ses contributions une dimension collective à travers son travail sur la nature humaine. Elle voit les environnements où elle évolue comme autant de globalités et non comme des sommes d'individus. Elle s'attache aux valeurs qu'ils véhiculent, à la culture du groupe qu'ils constituent. Elle est sélective dans ses participations car la honte de se trouver impliquée dans des prises de position et des attitudes qu'elle ne partage pas, dont la vulgarité blesse sa sensibilité, l'a déjà poussée à des ruptures. Elle en souffre, mais c'est plus fort qu'elle.

Louis met son devoir avant toute chose. C'est l'idéal qui conduit sa vie. C'est l'idéal son combustible et ce qui fonde ses choix, ses envies, ses projets. Ce devoir, c'est ce dont il pense être redevable à la société. Le juste retour des choses, comme il se plaît à le dire souvent aux jeunes qu'il forme. Donner comme on a un jour reçu : voilà sa devise.

Faites la synthèse. Identifiez vos domaines de préoccupation dominants

Bien sûr, les choses ne sont pas toujours aussi caricaturales. Nous avons des dominantes, des préférences, tout en étant sollicités sur l'ensemble de ces domaines. L'important est donc d'identifier, d'une part, vos ressources dans chaque domaine de préoccupation, comme vous venez de le faire, puis la place relative de ces trois préoccupations dans votre vie et, d'autre part, d'en tirer des enseignements concernant vos priorités et vos potentialités.

Pour identifier vos priorités :

À quoi consacrez-vous le plus de temps dans votre journée ? Qu'est-ce qui est prioritaire dans votre emploi du temps ?

. . . .

Si vous avez le choix, que faites-vous en priorité : Organiser votre journée ? Faire le tour du plateau ? Préparer votre discours pour la prochaine réunion de l'association à laquelle vous appartenez ?

. . . .

Sur quoi aimez-vous que l'on vous félicite ? À quoi êtes-vous le plus sensible quand on vous fait un reproche ?

. . . .

Quels sont vos critères de choix pour une nouvelle fonction ?

. . . .

Quels sont vos critères de choix pour partir en vacances ? Quel est votre emploi du temps type d'une journée de vacances ?

. . . .

Comment partagez-vous les tâches dans votre vie personnelle ? dans votre vie professionnelle ? Qu'est-ce que vous gardez pour vous ? Pourquoi ?

. . . .

Comment avez-vous choisi vos activités extra-professionnelles ?

. . . .

On fait appel à vous le plus souvent pour…

· ·

En bref, où, sur quoi, revient le plus souvent votre préoccupation ?

· ·

Pour identifier vos potentialités :
Quels fondamentaux, quelles lignes de force, voyez-vous se dégager de vos priorités ?

· ·

À quelles potentialités vous donnent-ils accès ? Comment les exprimez-vous ? Quelle reconnaissance en avez-vous ? Avez-vous envie de vous investir différemment ? Comment ? Qu'est-ce que cela implique pour vous ? Êtes-vous prêt(e) à faire l'investissement ?

· ·

Vous sentez-vous, sur ces thèmes, des potentialités inexploitées ou mal exploitées ? Lesquelles ? Que pourriez-vous faire pour les exploiter de manière plus satisfaisante pour vous ?

· ·

Chapitre 4

NOS INTELLIGENCES OU TROIS MANIÈRES D'ABORDER LE MONDE

LES TROIS INTELLIGENCES que nous allons explorer ici correspondent à trois manières différentes de « penser » et de percevoir le monde qui nous entoure. En cela, elles nourrissent notre vision du monde.

Il existe de nombreuses formes d'intelligence. La définition du Littré privilégie :

1. la faculté de connaître et de comprendre, action de pénétrer par l'esprit ;
2. l'esprit en tant qu'il conçoit, le pouvoir de former des notions et de s'élever aux idées générales ;
3. la substance spirituelle, intelligence universelle, intelligence supérieure ;
4. en termes d'art, entente de certains effets, intelligence de la lumière, intelligence de la scène, etc. ;
5. l'adresse, l'habileté dans les moyens employés et dans leur choix pour obtenir un certain résultat ;
6. la communication entre des personnes qui s'entendent, accord, union des sentiments.

Aujourd'hui, les chercheurs qui travaillent sur ce domaine ne dénombrent pas moins d'une dizaine d'intelligences différentes : intelligence de l'espace, intelligence des mathématiques, intelligence émotionnelle, intelligence de la musique, intelligence logique, intelligence du corps, intelligence verbale…

Je vous propose de nous limiter à trois, au sein desquelles nous retrouverons les autres, si besoin est, en fonction des spécificités de chacun, pour préciser notre propre mode de mise en œuvre de nos facultés :

✓ **Le mental**, le cérébral, la construction rationnelle, l'homme pensant.

✓ **L'émotionnel**, le vécu, l'affectivité, l'homme communicant.

✓ **L'instinctif**, le senti, l'intuition, l'homme agissant.

Nous avons plus de facilité pour mettre en œuvre certaines parmi les trois et parfois, notre cerveau résiste à l'une d'elles (répulsion), tout en la recherchant (attirance). Lorsque cela se produit avant de l'avoir travaillée, éduquée, rééduquée, il est préférable de ne pas choisir des métiers qui impliquent de la mettre en œuvre en priorité. Nous risquons d'y obtenir des résultats décevants ou bien de consommer une énergie sans commune mesure avec les objectifs à atteindre.

Par intelligence, j'entendrai, si vous le voulez bien :

✓ manière d'aborder les situations, les problèmes que nous rencontrons, de les comprendre, de leur apporter une solution, de les traiter ;

✓ filtre et traduction des informations ;

✓ modes de résolution, schémas de pensée ;

✓ sensibilité personnelle aux données de la réalité.

En bref, comment et pourquoi faisons-nous marcher notre esprit, notre pensée ?

Je vous demande de me décrire l'établissement où vous travaillez. En quoi peut-il séduire ce Chef que vous voulez recruter ? Vous avez fait de la restauration votre métier :

Vous m'expliquez les données objectives qui peuvent aboutir au choix de cette adresse : régulière dans la qualité de ses prestations, bon rapport qualité/prix…

Vous m'entraînez par l'imagination sous une verrière lumineuse dans une salle feutrée où il fait bon profiter d'un moment réservé au plaisir de goûter et de partager, la convivialité, la richesse des effluves, la tiédeur…

Vous avez la conviction que rien ne vaut l'expérience, le vécu, toucher du doigt, une petite visite, voilà ce qu'il faut, dites-vous, ouvrons nos agendas, allons sur place… goûter.

Trois personnes, trois réponses à la même question. Nous parlons chaque fois d'un établissement de restauration de qualité. Nous l'abordons avec un regard différent.

Nous travaillons à l'élaboration d'une charte :

Et si nous mettions un peu de chaleur dans tout ça, c'est froid, instrumentalisé… Comment faire passer l'attitude, l'esprit, la posture que nous adoptons ?

Il faut que ce soit court, le maximum de contenu dans un minimum de mots… informer… logique…

Vous visualisez le document final, celui qui va l'avoir entre les mains, sa réaction, sa perception, ce qu'il va en faire…

Chaque fois, encore, nous parlons de la même chose, du même sujet. Et pourtant, que ces approches sont différentes ! Elles sont, chacune, une création de notre pensée, selon le schéma qui nous est propre. C'est à ce schéma que nous allons réfléchir… Sur quoi focalisons-nous notre attention en priorité ? sur comprendre ? sur ressentir ? sur sentir ?

L'HOMME PENSANT

Cette forme d'intelligence est particulièrement valorisée par notre civilisation technologique et scientifique. Elle se mesure à travers le fameux QI. Elle permet l'abstraction, la réflexion, la théorisation, la modélisation, le stockage d'informations. C'est l'intelligence du joueur d'échecs qui mémorise toutes les parties, par exemple, ou celle du mathématicien.

Elle permet de construire des réalités qui n'existent pas. Elle privilégie la rationalisation, l'analyse, la logique, la déduction, le raisonnement, les approches linéaires, séquentielles.

Elle mesure, calcule. Elle gère le temps. Elle permet de conduire sa pensée, sa réflexion. Elle formalise des critères.

Elle fait des plans. Elle se manifeste par des échanges de type théorique, culturel, le goût pour les débats d'idées. Elle s'appuie sur l'assimilation de connaissances.

Elle est celle du stratège qui élabore intellectuellement son plan. Elle pense les choses, le futur.

Elle explique. C'est le monde de la culture et des créations de la pensée.

Vous avez toujours aimé les mathématiques : vous y voyez des couleurs, vous y percevez des sons, les courbes vous parlent un langage mystérieux.

En les assemblant, vous élaborez des modèles, vous approfondissez des théories, vous fabriquez de nouveaux langages.

La première fois que vous avez reproduit votre partie d'échecs – sur la table, dans ce petit café où nous avions pris l'habitude de déjeuner sur le pouce –, coup après coup, pour me faire comprendre la stratégie de votre adversaire et le moment où vous n'auriez pas dû laisser passer… j'ai compris, parce que je l'ai vue en action, de façon palpable, en quoi consistait la capacité de calcul et de construction de l'intelligence mentale.

Vous avez besoin de tout mettre en équations, de tout expliquer.

Vous raisonnez, rationalisez, puis vous tournez en rond, une fois, deux fois, dix fois, comme pour vérifier qu'il n'y a pas de faille, que la logique est bien là, imparable, que c'est bien cela…

Vous aimez construire des stratégies, faire des plans, vous me proposez même des modèles pour formaliser vos idées quand nous réfléchissons ensemble sur vos futurs possibles.

Dans votre esprit, tout doit pouvoir s'expliquer de manière logique, par l'analyse, la déduction.

Vous assimilez les idées, les théories, vous jouez avec les mots et les concepts.

« *L'homme pensant* »

Si vous vous reconnaissez dans ces modes de pensée, voici quelques questions à vous poser pour détecter la place de l'homme pensant chez vous :

Quels sont les problèmes que vous résolvez ainsi ?

. . . .

Quelle est votre valeur ajoutée dans ce domaine ? Quelles contributions concrètes avez-vous apportées ?

. . . .

Qu'est-ce qui est facile pour vous sur ce plan ? Qu'est-ce qui est difficile ?

. . . .

Aimez-vous faire agir votre pensée ainsi ? Ne le faites-vous que par obligation ?

. . . .

Êtes-vous satisfait(e) de votre niveau de performance ? Comment l'évaluez-vous ? le décrivez-vous ?

. . . .

L'HOMME COMMUNICANT

La mode de l'intelligence émotionnelle nous fait redécouvrir aujourd'hui son importance, la place qu'elle tient dans la vie humaine où tout n'est que relations, échanges d'informations, communication. Elle permet de vivre le présent. C'est celle qui permet de se situer dans des réseaux, dans des flux de données, de rester ouvert, en alerte, de développer un esprit de contribution. Elle nous sensibilise à la vision du monde de l'autre et nous permet d'y accéder. Elle nous rend réceptifs aux facteurs humains, aux sentiments des autres et/ou à notre vie intérieure. Elle s'appuie sur l'assimilation d'expériences émotionnelles et sur la capacité à les réutiliser dans d'autres contextes, de façon adaptée. Elle est à l'origine de notre type de présence. Elle crée des synergies. Elle nous permet de générer autour de nous et en nous, la confiance, de mobiliser l'esprit d'appartenance de ceux que nous côtoyons. Elle nous

permet de comprendre les systèmes auxquels nous appartenons, notre fonction au sein de chacun, et d'apporter notre
énergie de façon ciblée pour favoriser le bon fonctionnement
de l'ensemble et le respect de notre écologie propre et de celle
des autres. C'est le monde des interfaces, de la traduction, qui
rend les langages intelligibles d'un monde à l'autre.

> Parfois, vous finissez mes phrases... oui, c'est bien le mot que
> j'avais au bord des lèvres. C'est une impression frustrante,
> comme d'être dépossédée de quelque chose, et agréable à la
> fois, comme une complicité qui se crée.

> Vous percevez, à des signes imperceptibles, les changements
> d'humeur de vos interlocuteurs. Je vous sens toujours aux
> aguets. Vous vous ajustez à leur état intérieur. On dit de vous
> que vous êtes comme une éponge.

Vous parlez, on vous écoute. Vous faites l'effet d'un aimant
sur les autres. C'est magique.

Vous parlez plusieurs langues et même quand vous ne les
parlez pas, vous les comprenez et les autres vous comprennent :
un geste, une mimique, et la conversation se poursuit...

> Votre conférence était passionnante. Je connaissais le sujet
> mais je ne parle pas l'italien, comme la plupart des auditeurs
> dans la salle. Pourtant, nous étions comme hypnotisés ; nous
> n'en avons pas perdu une miette ! Nous avons même corrigé
> la traductrice ! Vous avez su choisir votre vocabulaire et jouer
> avec la proximité des deux langues. Quel art !

Vous retenez ce qui vous a ému, ou parce que vous aimez le
professeur, ou encore, parce que vous vous plaisez dans cette
ambiance. Cela vous rend assez sélectif(ve), et aléatoire la pédagogie de ceux qui vous forment ! Vous le savez mais... c'est
comme ça.

« L'homme communicant »

Si vous vous reconnaissez dans ces modes de perception,
voici quelques questions à vous poser pour détecter la place
de l'homme communicant chez vous :

Quels sont les problèmes que vous résolvez ainsi ?

. . . .

Quelle est votre valeur ajoutée dans ce domaine ? Quelles contributions concrètes avez-vous apportées ?

. . . .

Qu'est-ce qui est facile pour vous sur ce plan ? Qu'est-ce qui est difficile ?

. . . .

Aimez-vous faire agir votre pensée ainsi ? Ne le faites-vous que par obligation ?

. . . .

Êtes-vous satisfait(e) de votre niveau de performance ? Comment l'évaluez-vous ? le décrivez-vous ?

. . . .

L'HOMME AGISSANT

Cette forme d'intelligence est celle de l'instinct, de l'intuition, du flair et du sens pratique. Elle se manifeste à travers la manière dont nous échangeons de l'énergie avec notre environnement. C'est elle qui nous fait trouver l'action « juste » qui va nous permettre de gérer une situation. Elle trouve son origine dans nos attraits qui nous permettent de sentir les déséquilibres et de les traiter. Elle est orientée par nos buts. Notre état d'esprit va être décisif sur la possibilité de la mobiliser : ses interférences nous rendent sourds et aveugles quand nous subissons ou ne cherchons qu'à écraser l'autre. Au contraire, dans une position constructive, nos sens sont en alerte, nous disposons de nos ressources. C'est sur l'espace que nous sommes mobiles. Elle est celle du tacticien qui colle au plus près de l'événement et l'utilise, et du visionnaire qui visualise ce qu'il faut faire ou dire. Elle s'appuie sur l'assimilation et l'organisation/réorganisation rapide de perceptions. Elle se manifeste à travers une impression d'évidence, de connaissance évidente de ce qu'il faut faire. Elle ne se dit pas, elle se sent et se met en œuvre. Elle est opérationnelle. Elle tire parti du terrain. Elle est rapport au corps. Elle fait le lien expérience/vécu au présent. C'est le monde des entités physiques.

> Vous aviez pris votre retraite. Depuis peu, il est vrai. Il a fallu aller vous chercher. Personne ne pouvait, mieux que vous, investir l'espace immense de ce chantier et y planter les diverses grues et autres matériels. Cinq minutes vous suffisaient chaque matin pour définir les actions de la journée. Même si les imprévus ne manquaient pas, tout se passait comme vous l'aviez prévu et… décidé. Chapeau Monsieur… !

C'est quand il faut réagir dans l'instant, en direct, coller à l'événement, que votre talent apparaît le plus clairement. Votre corps tout entier, comme aux aguets, se mobilise et répond.

> Quand vous entrez en scène, vous prenez possession de l'espace avec puissance et détermination… Vous êtes là… il ne viendrait à l'idée de personne d'en douter !

C'est l'instinct qui vous guide. Vos plus grandes décisions, c'est ainsi que vous les avez prises. Vous savez ce qu'il faut faire, cela s'impose à vous, globalement, comme une évidence.

Vous lisez le problème et tout à coup, vous avez la réponse. Elle arrive, globalement. Mais si elle n'arrive pas, c'est alors très difficile pour vous. C'est presque du tout ou rien.

Vous avez besoin de vivre les choses, de les expérimenter, pour assimiler, de voir, de toucher du doigt, pour croire.

« L'homme agissant »

Si vous vous reconnaissez dans ces modes d'appréhension des choses, voici quelques questions à vous poser pour détecter la place de l'homme agissant chez vous :

Quels sont les problèmes que vous résolvez ainsi ?

. . . .

Quelle est votre valeur ajoutée dans ce domaine ? Quelles contributions concrètes avez-vous apportées ?

. . . .

Qu'est-ce qui est facile pour vous sur ce plan ? Qu'est-ce qui est difficile ?

. . . .

Aimez-vous faire agir votre pensée ainsi ? Ne le faites-vous que par obligation ?

. . . .

Êtes-vous satisfait(e) de votre niveau de performance ? Comment l'évaluez-vous ? le décrivez-vous ?

. . . .

C'est l'homme pensant que mobilisent avec le plus d'efficacité, Paul, Charles et Germain :

Paul n'a pas son pareil pour optimiser son temps de façon à pouvoir rester disponible à l'imprévu, à l'opportunité, qu'en aucun cas il ne voudrait rater. Il pense et structure son temps avec ingéniosité. Il a aussi toujours de bonnes raisons pour expliquer avec une logique bien à lui (mais difficilement démontable, il y veille), ses conduites et ses priorités.

Charles a un potentiel de penseur. Il associe vision et analyse jusque dans le détail. C'est ce qui fait d'ailleurs son génie : passer en permanence de l'infiniment grand à l'infiniment petit, faire des ponts, trouver les logiques qui rassemblent des domaines en apparence différents, conceptualiser, formaliser et enfin modéliser ses recherches.

Germain s'appuie sur le mental pour maîtriser ses émotions qui lui jouent parfois des tours. Il n'en demeure pas moins que son intelligence émotionnelle, présente en arrière-fond, lui permet de tirer parti de son intelligence des mots. Il utilise le langage pour penser et l'émotion pour faire passer son message.

C'est l'homme communicant que mobilisent avec le plus d'efficacité Marine, Clémentine et Juliette :

Marine a une sensibilité particulière pour ressentir ce que vivent les autres, à tel point qu'elle se sent parfois indiscrète et gênée par ce qu'elle ressent. Elle vit intérieurement leurs souffrances et se réjouit de leurs joies, comme si c'était les siennes, sans toujours le leur montrer, pudeur oblige ! Elle en a une perception quasi instantanée qui parfois lui fait peur. C'est un poids que de sentir et porter, ainsi, toute la misère, la tristesse, du monde.

Clémentine sait instinctivement ce qu'elle doit faire pour faire plaisir et elle le fait. Elle a une sensibilité empathique ; elle est une sorte d'éponge ou de miroir dans lequel les autres aiment se retrouver car elle leur montre une belle image d'eux-mêmes. Elle leur permet, s'il le faut, de se réconcilier avec cette image. Elle a cette intelligence dans la spontanéité du don. C'est la force de son charisme.

Juliette se connaît et connaît les autres. Elle sait écouter et construire. Si elle est ambivalente dans l'action, dans les relations, elle sait intégrer les forces en présence. Les autres lui reconnaissent, unanimement, de l'intelligence relationnelle. Elle est interface. Elle rend les choses intelligibles.

C'est l'homme agissant que mobilisent avec le plus d'efficacité Louis, Alexandre et Thomas :

Louis est l'homme de l'action juste par excellence. Il est d'ailleurs très en colère contre lui-même quand il pense avoir fait un faux pas sur ce plan. Dans une salle de restaurant, il embrasse d'un seul coup d'œil tout ce qui se passe et intervient toujours à point nommé, il a le geste qu'il faut, quand il faut. Présent, il n'est jamais envahissant.

Alexandre se comporte en tacticien. Il investit le territoire de sa présence forte et marquante. Il est sur le terrain et il conduit de main de maître les opérations. Il organise ses forces vives et les mobilise sur des buts concrets. Il tire parti des expériences et les utilise pour avancer et pousser encore, toujours plus loin, son avantage. Parfois, il va trop loin, il fait alors machine arrière. C'est difficile et douloureux pour lui. Ses colères, dans ce cas, restent légendaires.

Thomas a trouvé dans le passage à l'action, un moyen de dominer le doute que crée la réflexion quand elle se prolonge. Il tourne alors en rond dans ses idées et il a remarqué que seule la nécessité de passer à l'acte, sans réfléchir plus loin, le sort de ses tergiversations. Grâce au processus de réflexion enclenché, une préparation inconsciente s'est faite et, il en est le premier surpris, ses positions sont souvent fécondes.

Faites la synthèse. Identifiez vos types d'intelligence dominants

Voici quelques questions à vous poser pour identifier la place relative de ces trois intelligences dans votre vie et les enseignements à en tirer concernant vos priorités et vos potentialités :

Vos priorités

Cherchez comment vous apprenez, comment vous retenez ou ce que vous retenez en priorité, ce qui vous aide à apprendre. Quelles ressources mettez-vous en œuvre ?

. . . .

Si vous avez le choix, comment vous y prenez-vous en priorité pour résoudre les problèmes ? pour réfléchir à une question posée ? pour décider ? À quels critères donnez-vous la priorité pour choisir ?

. . . .

Quelles lignes de force se dégagent de l'observation de votre fonctionnement intellectuel ?

. . . .

Vos potentialités

Quels fondamentaux voyez-vous se dégager ?

. . . .

À quelles potentialités vous donnent-ils accès ? Comment les exprimez-vous ?

Quelle reconnaissance en avez-vous ? Avez-vous envie de vous investir différemment ? Comment ? Qu'est-ce que cela implique pour vous ? Êtes-vous prêt(e) à faire l'investissement ?

. . . .

Vous sentez-vous des potentialités inexploitées ou mal exploitées ? lesquelles ? Que pourriez-vous faire pour les exploiter de manière plus satisfaisante pour vous ?

. . . .

Chapitre 5

MATÉRIALISER NOS TALENTS : LES QUATRE DIMENSIONS OÙ EXPRIMER NOS COMPÉTENCES

CETTE APPROCHE DE LA PERSONNE en quatre dimensions, permet de rendre compte de la dynamique dans laquelle elle s'engage quand elle aborde sa vie d'adulte, professionnelle et extra-professionnelle. C'est à travers ces quatre dimensions que s'expriment nos compétences.

C'est avec sa **dimension personnelle**, en s'appuyant sur la manière dont elle s'est construite jusqu'à aujourd'hui, qu'elle se lance dans le monde adulte. La dimension personnelle correspond à nos racines, notre socle. C'est en elle que l'on puise notre puissance. C'est elle qu'il faut consolider, travailler, pour augmenter notre impact, notre charisme. Nous sentons-nous solides, bien campés sur nos deux pieds, ou bien cherchons-nous à faire bonne figure, en espérant que personne ne viendra y voir de trop près ?

Vous aviez tout pour réussir : des études brillantes, des propositions alléchantes dès la sortie de votre formation supérieure, sans avoir besoin de chercher un emploi, un accueil soigné de la part de l'entreprise que vous aviez choisie... et pourtant, quelque chose n'allait pas. Il y avait un problème. Personne n'y avait pensé... vous n'aviez pas la maturité affective pour vous situer à bon escient dans les relations avec vos interlocuteurs. Ils vous sentaient toujours décalé. Ils ne vous compreniez pas. Vous généreriez chez eux une confusion qui les mettait mal à l'aise. Pourtant, vous aviez de la bonne volonté ! Mais cela ne suffit pas et ce qui n'a pas pu se construire à un moment de la vie devra trouver son espace de temps pour mûrir.

Vous dégagez une sérénité dont vous avez à peine conscience. Ceux qui vous ont rencontrée ne vous oublient plus. Vous générez la joie et la sympathie autour de vous. Les soirées que vous organisez sont courues par tous vos amis. Votre secret, savoir prendre soin de chacun et l'accueillir comme s'il était le seul et le plus important à vos yeux, du plus petit de vos petits enfants au plus âgé de vos parents. Merveilleuse magicienne, voilà le surnom que vous a donné Justine, la dernière de vos petites filles, elle a à peine 4 ans !

En entrant dans la vie active et en apprenant un métier, en choisissant une orientation, en se spécialisant en quelque sorte, c'est la **dimension activités/métier** qui est sollicitée, à travers les connaissances mises en œuvre, approfondies, et pourquoi pas, plus tard, transmises.

On dit de vous que vous êtes un professionnel. On vous consulte. Vous avez fait le choix d'approfondir votre métier. Vous êtes une mine d'informations pour les autres. On vous confie les jeunes à qui vous apprenez le « tour de main ». Votre ingéniosité est à l'origine de plusieurs brevets. Par vos apports, vous contribuez à faire avancer les techniques mises en œuvre. « Est-ce reconnu ? me confiez-vous, je finis par douter ! Un homme clef, voilà comment ils m'appellent. Trouvez-vous que ce soit valorisant ? Je m'interroge… » Et pourtant, le jour où vous avez quitté l'entreprise, tout ce qui reposait sur vous est apparu au grand jour. Mais, pour vous, c'était trop tard ! Qu'aurait-il fallu ?

Vous avez toujours aimé construire de vos mains. Quand on vous demande votre métier, vous répondez : « artisan de rêves ». Vous créez pour vos proches, des modèles uniques de multiples petits accessoires qui rendent vivant leur intérieur. Votre dernière création : une magnifique tapisserie aux couleurs vives et chatoyantes. À peine terminée, vous commencez une icône sur verre. Et vous pensez déjà au service en porcelaine que vous allez décorer de personnages 1930.

La **dimension pouvoir/management** arrive de façon parfois surprenante − vous êtes le meilleur vendeur, on vous confie une équipe − ou naturelle − vous vous y êtes toujours préparé, c'était votre objectif, déjà, pendant vos études, vous organisiez, entraîniez… On ne l'apprend pas, on s'y forme, sur le tas… et de plus en plus à travers les nombreux stages de management organisés au sein des entreprises.

« Je comptais sur cette réorganisation pour prendre des responsabilités de management étendues. Je ne vois vraiment pas ce qu'il a de plus que moi… Pas question que j'accepte sans rien dire ! Je me battrai jusqu'au bout. Cette fois-ci, je ne me laisserai pas faire. Je sais encadrer des collaborateurs, les faire travailler, générer une bonne ambiance, les mobiliser… » Oui, c'est vrai. Tout le monde est unanime là-dessus. Alors ? Alors, il s'agit d'autre chose… Peut-être qu'il ne s'agit plus de manager une équipe mais des équipes qui ont chacune des fonctions différentes ? Si c'est cela, qu'est-ce que cela change à votre vision des choses ? Comment devez-vous adapter votre comportement pour faire ce « saut » dans la complexité ? Vous sentez-vous prêt ?

Vous avez besoin d'agir sur les autres. C'est plus fort que vous. Cela s'accompagne du bonheur de transmettre. Vous voilà aujourd'hui capitaine de la jeune équipe de rugby de l'école de votre fils. Quelle énergie vous distillez chez ces jeunes ! Quelle envie de gagner ! Ils n'ont pas perdu un match depuis que vous les entraînez ! « Monsieur, vous êtes notre porte-bonheur » vous ont-ils dit l'autre jour.

La **dimension structure/organisme** correspond à un cap différent et à un saut de complexité loin d'être évident. On ne se situe pas au même niveau logique. On intervient sur le système alors qu'auparavant on était dans le système. Même si, tous, à quelque niveau que ce soit, en tant que porteurs du « code génétique » des milieux auxquels nous appartenons, nous avons notre niveau de contribution. C'est alors l'esprit avec lequel nous jouons notre rôle qui change, le sens que nous lui donnons, l'espace au sein duquel nous l'intégrons.

On dit de vous que vous vous impliquez peu dans la gestion des opérations et dans la vie quotidienne. Fort heureusement, vous avez su vous entourer ! On apprécie chez vous cette capacité à vous projeter, à projeter l'entreprise, et à concevoir puis initier les actions qui vont accompagner la stratégie de développement que vous élaborez. Vous marquez ainsi votre empreinte, cadré par un solide sens de l'éthique. Quand vous intervenez sur le quotidien, vous devenez dur et interventionniste, et même étouffant pour certains qui perdent leurs moyens sous la pression ou trouvent des moyens de se protéger en se cachant, en mettant en place des jeux... Mais alors, où sont les priorités ? Quels sont les objectifs ? Ne vous faites-vous pas, alors, manipuler ? Que voulez-vous exactement ? Il est grand temps de vous recentrer sur l'essentiel, sur votre véritable rôle, là où vous apportez votre valeur ajoutée...

Dans votre responsabilité de standardiste, c'est toute la fierté d'appartenir à un si beau groupe, comme vous le qualifiez, que vous faites passer. Vous vous intéressez à la vie de votre entreprise et aux projets de ses dirigeants. Le sens du client ? Vous l'avez appliqué avant même que cela soit devenu le leitmotiv des managers. « Si on ne soigne pas nos clients, quelle sera notre image et comment pourrons-nous faire la différence avec nos concurrents ? » avez-vous l'habitude de dire. Beaucoup pourraient en prendre de la graine !

Frappée par la détresse de ces jeunes en difficulté scolaire, vous avez décidé de relever le défi, avec l'appui de votre mairie, et de créer un soutien personnalisé. Vous avez déjà été rejointe par d'autres bonnes volontés ; votre salle d'accueil et de travail ne désemplit pas. « C'est mon œuvre citoyenne », expliquez-vous.

Notre engagement dans la vie professionnelle, extra-professionnelle, nous sollicite donc plus particulièrement sur ces quatre dimensions :

✓ la dimension personnelle ;

✓ la dimension activités/métier ;

✓ la dimension pouvoir/management ;
✓ la dimension structure/organisme.

Elles correspondent à des niveaux différents d'ouverture au monde, à des domaines différents d'action sur le monde qui nous entoure. Elles ont chacune leurs exigences, leurs richesses. Orientation et choix de vie découlent de celles que nous privilégions, dans lesquelles nous investissons en priorité. Elles peuvent correspondre à des niveaux de maturité et à des moments de la vie. Tout le monde ne se mobilise pas sur toutes. Certains d'entre nous peuvent réserver une ou plusieurs de ces dimensions à la vie professionnelle et d'autres à la vie extra-professionnelle. Tout est possible, rien n'est figé.

Qu'en est-il pour vous ?

LA DIMENSION PERSONNELLE : IDENTIFIER ET CONSTRUIRE SA PUISSANCE INTÉRIEURE

La dimension personnelle est à la base de la confiance dans notre impact sur le monde extérieur. Elle est le socle sur lequel les autres dimensions vont se construire, ce dans quoi elles vont puiser des ressources pour s'exprimer. Elle constitue nos réserves. De sa puissance dépend la solidité de notre édifice. De sa sérénité, également, car il ne s'agit pas de se comporter comme le chêne de la fable mais plutôt comme le roseau, qui ploie mais ne rompt pas !

Sommes-nous un « géant aux pieds d'argile ? »

Vous êtes arrivé en conquérant. Que de défenses ! Tout était prétexte à interprétation et à protection. Tout était détourné de son sens explicite. Vous aviez de gros problèmes relationnels dans votre structure. « Il faut dire que les autres manquaient de discernement, m'avez-vous expliqué. Ils ne comprenaient rien à rien ! Heureusement, je suis là pour dire les choses. » Seule ombre au tableau, personne ne vous suivait. Vous ne pouviez pas vous remettre en question. C'étaient des années et des années de protections soigneusement construites qui risquaient de s'écrouler… qui se sont écroulées le jour où vous avez dû regarder en face la réalité. Votre ambition n'avait plus d'écho et vous vous retrouviez confronté à vous-même, ayant perdu votre crédibilité au sein de votre entreprise et, sur un plan personnel, des fissures apparaissaient. Quel gâchis ! Quels aveuglements, quelles complicités, avaient pu vous conduire jusque-là ? Qu'elle est rude alors, la pente, quand il faut la remonter alors qu'on se croyait déjà arrivé ! Quelle leçon d'humilité, aussi ! Car vous avez réussi ; petit à petit, avec courage. Vous avez appris à vous battre. Vous en êtes sorti grandi. Mais à quel prix !

La dimension personnelle correspond à nos fondations, nos appuis, ce sur quoi nous allons construire. Pour moi, toute action de développement personnel et professionnel doit commencer par un travail sur ce niveau. Sinon, nous mettons un emplâtre sur une jambe de bois ! Fortifier notre dimension personnelle revient à apprendre à marcher pour un jeune enfant.

Vous voulez développer vos capacités managériales. C'est votre entreprise qui vous envoie. Mais avez-vous vraiment envie de manager ? Êtes-vous prêt à assumer l'ensemble de ce que cela représente ? Savez-vous, d'ailleurs, ce que cela implique ? Y avez-vous déjà réfléchi ou considérez-vous cette évolution comme une récompense ? Ou peut-être comme un dû ? Et si cela n'en est pas un(e) mais plutôt le début d'une nouvelle exigence, qu'est-ce que cela change pour vous ? Vous y sentez-vous toujours prêt, personnellement, non pas sur un plan technique mais humain ?

Et si nous commencions par parler de vous ? Comment vous gérez-vous ? Comment gérez-vous vos relations avec les autres, tous les autres ? Comment gérez-vous les problèmes ? Ce n'est pas la question, pensez-vous. Et si, au contraire, il s'agissait de la question de fond ? Et si c'était un préalable à tout le reste ?

Vous vous êtes porté candidat en interne et votre président vous a confié une des plus grosses filiales de l'entreprise. Vous vous êtes senti reconnu et vous vous êtes installé dans ce nouveau statut. Mais vous n'avez pas compris l'engagement ni le positionnement attendus. Un an après, c'est l'avis de tempête. De votre point de vue, cette promotion était une reconnaissance du passé. Mais du point de vue de votre président, c'était le début de nouvelles exigences, une dimension à comprendre et intégrer. Un vrai travail d'adaptation de votre positionnement était nécessaire. Pour ne pas l'avoir compris, vous vous trouvez aujourd'hui personnellement en difficulté et votre structure se trouve, elle-même, en péril.

Notre dimension personnelle s'exprime à travers la manière dont nous nous gérons nous-mêmes, dont nous gérons nos relations, dont nous gérons les problèmes, c'est-à-dire dont nous agissons et dont nous réfléchissons.

Se gérer soi-même

Savoir se gérer c'est d'abord se connaître, s'accepter, faire avec. Savoir se gérer, c'est aussi savoir ce que l'on véhicule. Quel état d'esprit projetons-nous sur les autres ? Quand nous nous exprimons, quelle place laissons-nous aux autres ? Notre énergie vitale fait-elle de nous un exportateur ou un importateur d'énergie pour notre environnement ? De quelle nature est notre engagement ?

Toutes ces questions posent des fondamentaux quant à la manière dont nous nous utilisons. Elles nous donnent également des informations sur notre baromètre interne. Elles peuvent allumer certains clignotants, que nous prendrons ou pas en compte. Quel est notre seuil pour réagir ? Que considérons-nous de la responsabilité de notre entourage ? Que considérons-nous de notre responsabilité ? Sur quoi pouvons-nous agir ? Qu'est-ce qui dépend de nous ? Quels sont nos leviers ?

Nous faisons là l'inventaire de nos réserves internes. Nous détectons nos fragilités éventuelles et nous nous fixons des plans de ressourcement si nécessaire. Nous nous donnons les moyens de prendre soin de notre patrimoine interne. Il est précieux. Il mérite notre attention.

Nous inventorions ce patrimoine dans différentes directions :

✓ l'état d'esprit ;

✓ le mode d'expression de soi.

Ils ont une influence directe sur la manière dont nous utilisons notre patrimoine énergétique et dont nous nous engageons.

L'état d'esprit prédominant chez chacun de nous reflète son sentiment intérieur, le niveau d'assurance qu'il éprouve dans sa relation avec l'autre, avec les événements et les intentions avec lesquelles il aborde cette relation. L'état d'esprit illustre le sentiment d'ascendance ou de dépendance intérieur de chaque personne. Ainsi, l'identifier chez soi permet de mesurer notre sentiment d'ascendance ou de dépendance dans notre perception de notre environnement.

Identifier l'état d'esprit avec lequel nous abordons une situation permet d'évaluer notre capacité d'ascendant sur le contexte, sur la situation, auxquels nous sommes confrontés et d'anticiper la manière dont nous allons les traiter.

Quant au mode de manifestation de cet état d'esprit, il donne des indications sur le mode de gestion et de prise en charge personnelle de la situation en question, sur notre mode d'expression de nous-mêmes.

1. L'état d'esprit et ses conséquences

L'état d'esprit est en quelque sorte le sentiment intérieur qui va orienter nos intentions propres et notre interprétation des attitudes des autres. Déterminer notre état d'esprit de fond, celui qui colore notre vision du monde, ouvre donc la porte à une lecture de nos intentions dans la relation, de la tonalité que nous donnons à nos échanges avec le monde extérieur, de ce que nous visons. En accédant à des informations sur ce que nous mettons en jeu dans notre relation avec le monde, nous prenons un recul vis-à-vis de nous-mêmes qui peut nous permettre d'agir sur le sens des interactions que nous générons autour de nous. Nous apprenons ainsi à nous gérer.

Nous avons à notre disposition cinq états d'esprit principaux : le constructif, la recherche d'influence, le subissant, le gentil, le profiteur.

Seul le premier permet le charisme et la sérénité face à la vie. Il comporte un mode participatif et un mode autoritaire. Les autres sont défenses et réactions, ils ont une utilité de façon momentanée, pour répondre à une situation spécifique, ils sont dangereux s'ils deviennent notre position de vie principale.

Celui qui aborde l'autre dans un état d'esprit constructif le perçoit comme un partenaire

Pour lui, il n'y a pas de problèmes. Il n'y a que des données à traiter et des solutions à trouver. Il identifie les obstacles en termes de faits qu'il traite en cherchant des solutions. Lui et l'autre sont deux éléments formant un tout pour atteindre un but précis, identifié. Ni le lien hiérarchique, ni la notion de pouvoir, n'entrent en jeu. Cela reflète une personnalité parfois dure en apparence, mais vraie et efficace. Ne se posant pas de questions sur sa position, il est simplement axé sur une finalité partagée et sur les résultats, sur la réalisation des objectifs qui en sont la traduction concrète. Il sait ce qu'il veut. Il fixe le but poursuivi et à quel prix il est prêt à l'atteindre. C'est ce à quoi il veut aboutir qui le guide dans les comportements qu'il va adopter. Et pourtant, il n'oublie jamais l'autre et c'est avec lui qu'il avance vers la résolution. Cela implique une exigence de synthèse forte. Cela implique de prendre en compte l'intérêt supérieur commun avec l'autre ou les autres. Cela implique des capacités de remise en question, aussi, car la solution sera toujours une co-construction.

> Vous dégagez une aura que nombre vous envient. Il suffit que vous parliez pour que l'on ait envie de vous suivre. Quand vous intervenez, les problèmes semblent s'aplanir, comme par miracle. Quel est votre secret ? Ceux qui vous ont observé l'ont remarqué : mieux qu'un autre, vous savez restituer les problèmes dans un intérêt mutuel plus large qui en clarifie les

données. Là où d'autres seraient bloqués dans des tensions et des contradictions, voire des paradoxes — ils ne sont pas rares à votre niveau de responsabilités —, vous, vous trouvez des espaces de négociation. Vous n'oubliez à aucun moment votre finalité. Vous ne laissez de côté à aucun moment celle de vos interlocuteurs. Vous construisez avec eux, pas à pas. Ce sont votre compréhension et votre prise en compte des enjeux mutuels de l'interaction qui font la différence. Il en résulte, pour vous, une grande puissance de conviction et d'entraînement, et pour les autres une mobilisation d'énergie facilitée parce que vous leur exportez ainsi votre force.

Vous écoutez et quand vous reformulez ce que vous avez compris, vous l'enrichissez, sans jamais dénaturer le message. Vous permettez aux autres d'accéder à leur intention la plus intime, qu'ils ignoraient encore l'instant d'avant !

Celui qui est en recherche d'influence perçoit l'autre comme un adversaire

Pour lui, « non… je veux… il faut… tu dois… » prédominent. La volonté d'influence est la marque d'un besoin de prouver et de se prouver ses capacités. La satisfaction recherchée est avant tout d'avoir une influence sur l'autre, de prendre le dessus, le pouvoir, le contrôle…. Les objectifs servent de support à cette lutte d'influence. Cela va de l'argumentation gratuite à des comportements opposants, voire ironiques ou critiques. Cette attitude très répandue peut avoir un côté positif, utilisée momentanément : elle est un moyen de surmonter des appréhensions pour embrayer, ensuite, sur une attitude constructive. Mais elle présente d'importants dangers, selon le degré de solidité de la personnalité qui l'utilise. Elle devient en effet rapidement la carapace du homard. Elle cache alors une vulnérabilité que les autres découvriront rapidement ou qui rend prisonnier de son rôle. Le risque est dans l'emballement qu'elle génère souvent et qui enferme celui qui l'utilise, le rendant prisonnier d'un personnage, pris dans un cercle vicieux, dont, souvent, il ne sait plus sortir.

Attention, dans ce contexte, aux excès d'accusations portées sur l'extérieur dans un seul but de valorisation ou d'affirmation personnelle, ou à la tendance à se valoriser en rabaissant les autres ! Ils en sont des signes courants.

Celui pour qui cet état d'esprit est prédominant est surtout préoccupé de son propre positionnement par rapport à l'autre.

Il pense à lui-même avant de penser au résultat à atteindre, ce qui constitue la limite de ce comportement s'il n'est pas maîtrisé.

Il a tendance à agir sans se préoccuper vraiment de l'autre. Centré sur lui-même, il peut aussi finir par oublier l'objectif.

Vous auriez volontiers voté pour cette résolution, mais elle risque, à terme, pensez-vous, de diminuer votre pouvoir car dans la mutualisation de services qui est envisagée, vous perdez deux cents collaborateurs ! Or, vous avez tendance à mesurer votre pouvoir en « quantité » de personnes, d'argent… à gérer. Vous avez donc décidé de vous battre contre ! Vous avez bien sûr d'excellentes raisons pour cela. Votre argumentaire ne permet pas de douter un instant de votre bonne foi. Vous faites cela pour le bien collectif. D'autant plus que l'organisation a toujours fonctionné de cette manière, avec de bons résultats. Pourquoi risquer de déstabiliser les équipes ? pensez-vous. Vous avez même réussi à vous en persuader vous-même.

Lors de la dernière réunion de l'équipe, vous vous êtes senti agressé par une intervention intempestive et vous êtes entré dans un rapport de force avec votre interlocuteur que vous n'avez d'ailleurs pas tardé à écraser car il n'avait pas toutes les données en main. Avait-il tenté un putsch, pour que vous réagissiez avec cette détermination ? Ou bien vous êtes-vous senti blessé dans votre amour-propre et avez-vous eu besoin de lui montrer à qui il avait à faire ? Que ressentez-vous maintenant ?

Dès que l'on vous adresse la parole, vous montrez les dents ! De quelle ingérence ressentez-vous le besoin de vous protéger ainsi ?

Celui qui aborde l'autre dans un état d'esprit subissant se perçoit dépendant de l'autre

Pour lui, rien ne vaut : «Attendre et espérer… la bonne étoile». Il se reconnaît au fait que rarement sa responsabilité personnelle est évoquée. Si l'environnement lui est favorable, il se développe ; sinon, il se plaint, « encaisse », se paralyse, ou se cherche des excuses…. L'attitude subissante est un aveu d'impuissance, d'incapacité à faire autrement que de se soumettre aux événements et aux personnes. Elle consiste à n'agir que sous directives ou à se laisser guider par les circonstances. Comme l'attitude précédente, elle se manifeste à des degrés très divers. De la simple impression d'avoir à subir momentanément, elle peut aller jusqu'au comportement dépressif. Il peut paraître important de faire prendre conscience de ses atouts au subissant quitte à le « secouer » pour l'extraire de son attente. Ce n'est pas toujours la meilleure solution. Il peut suffire de peu de chose pour rendre actif celui qui attend : un appui, une parole, un encouragement ponctuel ou une marque de compassion, et surtout, une reconnaissance de sa souffrance et une prise en compte de ce qu'elle représente pour lui. C'est par le changement de son regard sur l'extérieur, de son rapport à la réalité, qu'il pourra dépasser ce comportement.

> Vous êtes le champion du « oui, mais… » et vous pensez que ce qui vous arrive ne dépend pas de vous, que vous n'avez guère de pouvoir pour le transformer, que les choses sont ce qu'elles sont, que vous n'y pouvez pas grand-chose, que ce sont les autres qui ne comprennent pas. Il n'y a rien à faire. Les dés sont jetés. Vous êtes en danger ! Les autres vont se lasser ! Vous vous laissez aller à un jeu dangereux. Pensez-vous que cela soit conjoncturel ? Fuyez alors ce contexte destructeur avant qu'il ne soit trop tard ! Vous sentez que c'est un mode de vie ? Alors, faites-vous aider au plus vite !

> « Il n'y a plus rien à faire, m'expliquez-vous avec moult détails. Les choses ne sont pas si simples. J'ai tout essayé. Rien n'a changé. C'était écrit. Nous avons mangé notre pain blanc ! » Vous êtes fatigué. Vous avez épuisé vos forces à lutter.

Vous les épuisez encore ! Jusqu'à quand pourrez-vous tenir ? Comment pourriez-vous prendre soin de vous ?

Celui qui aborde l'autre dans un état d'esprit de gentillesse voudrait que l'autre l'aime

Pour lui, c'est toujours : « Oui… toujours prêt… je m'arrangerai… » Il se veut toujours disponible, prêt à donner, à suivre, voire à précéder, les désirs de ses interlocuteurs. Cette attitude est complaisance à l'égard de l'autre, soit voulue, soit considérée comme nécessaire. On la retrouve souvent dans les relations de pouvoir ou dans les relations hiérarchiques, bien sûr, à des degrés divers. Elle peut être agréable mais présente des dangers, tant pour celui qui l'adopte car il ne s'exprime pas ou force sa nature, que pour celui qui en profite car il perd de vue la réalité. Le gentil est souvent la proie du profiteur qui sait l'utiliser. Il peut devenir aigri s'il se laisse trop enfermer dans cette attitude et n'a pas assez de force pour un jour dire « non ». Il peut provoquer la méfiance si l'on sent un écart entre le vécu intérieur et le manifesté extérieur. Celui que l'on perçoit comme « trop poli » pour être honnête en est un exemple.

Déjà, petite, quand il fallait sortir le chien, sous la pluie, dans le froid, alors que c'était le tour de votre frère aîné, vous le faisiez à sa place. Aujourd'hui, quand il faut bouger des dates de vacances, quand il faut revenir le week-end pour terminer un dossier, quand il faut rester plus tard (vous aviez pourtant un dîner à préparer, mais vous ne pouvez pas faire cela à votre patron !), vous êtes là, vous attendez, le dossier urgent fin prêt. Quand il vous appelle − il avait prévu de repasser par le bureau − et vous dit : « Ah ! Vous êtes encore là ! » vous lui dites d'une voix timide : « Je vous attendais pour vous donner le dossier Y » « Oh, cela attendra bien demain ! Bonne soirée ! » vous répond-il. « Le pauvre, il a tellement de travail, ce n'est pas de sa faute ! » pensez-vous. En êtes-vous si sûre ?

Et si vous pensiez un peu à vous ? Et si les autres se prenaient un peu en main ? Et si un jour vous disiez non ? Attention, si vous attendez trop longtemps, les autres vont s'installer dans ce confort que vous leur apportez ! Vous ne pourrez plus revenir en arrière sans que l'on vous fasse des reproches. Vous serez prisonnière de ce que vous avez mis en place. En sortir vous demandera de plus en plus d'énergie et mettra de plus en plus en danger votre relation avec ceux qui profitent de votre gentillesse.

Celui qui aborde l'autre dans un état d'esprit de profiteur, le perçoit comme un moyen à utiliser

Pour lui, c'est toujours : « Je… moi… mon problème… » Il cherche à tirer la couverture à lui, à tout ramener à son profit et à refuser tout ce qui peut le gêner. Il cherche à obliger les autres à se conformer à ce qui sert son intérêt propre et à ce qui lui convient. Il est dans une relation à sens unique. S'il se donne, c'est en surface, par intérêt. Il y a là une apparence d'affirmation, de caractère, car il ne supporte pas de ne pas avoir ce dont il a envie, même à l'encontre de l'ensemble et donc, il tient bon pour défendre ses intérêts. Mais cette solidité apparente est creuse : sans appui, confronté à une difficulté réelle, il s'effondre. Le profiteur se construit sur la solidité des autres. Il se cache derrière eux, tire profit de leurs réussites et leur fait porter le chapeau quand il y a des difficultés. Il peut construire tout un personnage sur cette image tant que l'environnement est complice.

Cela va de la personne uniquement intéressée par les avantages possibles, à celle qui « s'installe » dans un environnement ou dans un rôle jusqu'à devenir, parfois, un parasite. Des profiteurs peuvent ainsi graviter dans l'entourage d'un « trop gentil ».

> Vous faites beaucoup de bruit. Vous agitez beaucoup d'air. Vous vous faites remarquer. Quand une idée est bonne, c'est toujours vous qui l'avez eue, et cela se sait. Quand elle est mauvaise : « Qui donc a proposé cela ? Quelle drôle d'idée ! Si cela n'avait tenu qu'à moi… »

> Hier, Julien est venu vous demander une faveur. Il vous a fait sentir que vous ne pouviez pas la lui refuser : « Rappelez-vous… Je n'ai rien dit, l'autre jour ! Cela vous a bien

arrangé ! » « Mais, il n'y avait rien à dire ! » rétorquez-vous. « En êtes-vous si sûr ? » vous répond-il avec aplomb. Complice mais pas dupe, il vous prend à votre propre jeu. Qu'allez-vous faire ?

Vous faites en sorte d'avoir toujours le beau rôle. Ainsi, vous avez eu une progression rapide. Jusqu'où, jusqu'à quand, pensez-vous pouvoir faire illusion ? Les autres commencent à comprendre et à quitter le navire.

Vous vous êtes toujours débrouillé pour vous entourer de personnes qui vous admiraient, vous mettaient en valeur et ne risquaient pas de vous faire de l'ombre. Elles vous sont dévouées. Elles vous rassurent sur vous-même. N'êtes-vous pas un peu despote dans vos exigences ?

Chacun vit, de façon concomitante, en fonction des situations, des contextes, ces différents états d'esprit. Ceci étant, des dominantes peuvent se dégager et colorer la manière dont nous avons plutôt tendance à appréhender la réalité.

Diagnostiquez vos états d'esprit dominants

Comment répartissez-vous votre énergie entre ces différents états d'esprit ?

. . . .

Quel pourcentage de vos comportements réservez-vous à chacun ?

. . . .

Identifiez-vous un état d'esprit dominant ?

. . . .

Sur quels critères, quels indicateurs, étayés par quelles situations vécues, vous fondez-vous pour établir ce diagnostic ?

. . . .

De quelles ressources est-il porteur ? De quels dangers est-il porteur ?

. . . .

Que voulez-vous garder ? Que voudriez-vous changer ?

. . . .

2. Les modes de manifestation de l'état d'esprit

Le mode de manifestation de l'état d'esprit est la conséquence de ce dernier sur la manière d'interagir avec l'extérieur. On retrouve cinq modes de manifestation. Ils correspondent aux cinq types d'état d'esprit : l'affirmation constructive correspond à l'état d'esprit constructif, l'affirmation défensive à la volonté d'influence, l'affirmation contre soi à l'état d'esprit subissant, l'affirmation complaisante à la gentillesse, l'affirmation à son profit au profiteur. Néanmoins, il peut ne pas y avoir cohérence entre l'état d'esprit et son mode de manifestation. Un manque de cohérence engendre des maladresses ou entraîne un malaise chez ceux qui le ressentent chez leur interlocuteur. Cela provoque en effet une ambivalence, voire des confusions, entre le non-verbal et le verbal, le message délivré implicitement et le message délivré explicitement.

L'affirmation constructive, comme l'état d'esprit constructif, illustre un rapport positif à la vie. Les quatre autres modes d'affirmation contiennent chacun une peur cachée et en sont la manifestation. Ces peurs risquent de nous détourner de nos objectifs sans que nous en prenions conscience : nous nous protégeons au lieu d'agir.

L'affirmation constructive

Un parallèle, pour commencer : tout environnement structuré peut être assimilé à un organisme biologique. À son image, il est composé d'organes (les structures qui le composent) ; chacun d'eux a son existence propre, et participe aussi à la vie de l'ensemble. Efficacité et pérennité impliquent une harmonisation des actions des uns avec celles des autres, faite à la fois de coopération et de contribution bien orchestrées. L'existence de chaque « organe », de chaque structure de l'environnement, dépend à la fois de ses propres composants, des autres organes, et de l'existence de l'organisme dans son ensemble. Ainsi, tout est solidaire, interdépendant. La déficience de l'un se répercute sur l'ensemble. Le maintien de l'équilibre général s'effectue d'une part, en fonction des appels de tel ou tel « organe », de telle ou telle structure, ou de l'ensemble auprès de ses « organes » ; d'autre part, en fonction des réponses adaptées de celui ou de ceux à qui s'adressent ces appels.

Ainsi, capacité à lancer des appels de manière opportune et capacité à répondre à ceux de notre environnement, sont les deux expressions de l'affirmation dans sa forme constructive.

L'affirmation constructive implique une approche systémique et circulaire, et non linéaire, des événements et des échanges : le constructif ne pense pas en termes de cause et d'effet mais plutôt en termes d'informations réciproques, de régulations et de contextes.

L'affirmation constructive va de pair avec :

✓ une *vigilance* constamment orientée vers l'intérêt commun : soin porté à la coexistence de l'ensemble, de chacun et de soi ; appré hension des enjeux globaux et régulation avec les enjeux locaux ; feed-back permanent ;

✓ une *mobilisation* forte ;

✓ un état d'esprit constructif, caractérisé par la *volonté* de résoudre et d'aboutir, ensemble, en prenant en compte les contraintes et les besoins mutuels.

Quand nous manifestons une affirmation constructive, nous nous affirmons comme un élément moteur. Nous favorisons le développement de l'ensemble et notre propre développement. Pour répondre efficacement aux appels des autres, nous nous ouvrons à leurs problèmes et nous nous enrichissons ainsi à leur contact.

Pour notre environnement, nous générons la création d'un climat de confiance et de respect mutuel. Nous stimulons l'investissement sur le long terme. Nous développons l'intérêt supérieur commun. Nous résolvons et mettons en marche.

> Votre charisme est à la hauteur des ambitions que vous portez et vos collaborateurs vous suivent, mieux encore, vous accompagnent. Vous avez une réputation de dureté mais aussi d'équité. Vous valorisez les contributions de chacun, et tous ceux qui ont travaillé avec vous ont eu des opportunités intéressantes d'expansion et d'expression de leurs talents propres. À vos côtés, on se sent plus intelligent. Votre écoute y est pour beaucoup, mais aussi votre volonté de valoriser les apports de chacun.

> Vous pouvez apparaître dure, vous replacez chacun et vous-même devant sa cohérence interne et les engagements qu'implique la fonction qu'il a acceptée. On vous reconnaît pourtant une profonde humanité. Mais elle n'est jamais complaisance.

> Un problème ne tient jamais plus de cinq minutes, avec vous. Quand vous le résumez, après qu'on vous l'a exposé, il n'a déjà plus la même allure. Quel est votre secret ?

L'affirmation défensive

Chacun la pratique au quotidien. Par prudence ou par précaution (anticipation, diront certains), voire par inquiétude à l'égard d'une situation, on se défend a priori. C'est elle qui amène à argumenter, à vouloir prouver qu'on a raison, ou, pour certains, à bouder, à dire : « Je vous avais prévenu ! », avant même que l'autre se soit manifesté. Le handicap majeur est qu'elle empêche d'écouter et d'entendre ses interlocuteurs. En conséquence, elle bride l'enrichissement et le développement personnel. Pratiquée momentanément pour préserver son existence, elle est utile, voire indispensable, et n'empêche pas une affirmation constructive de fond. Pratiquée constamment, elle devient emballement et peut aboutir à l'affirmation contre soi. Attitude de protection et non attitude de construction, elle est le signe de la prédominance de la préoccupation de soi sur la volonté de résoudre et d'avancer.

Quand nous pratiquons l'affirmation défensive, nous instaurons des rapports de force. Nous cherchons la prééminence de nos visions personnelles. Nous nous fermons aux apports des autres. Nous confondons s'affirmer et dominer, voire écraser.

> On dit de vous que vous êtes « écorchée vive ». Vous réagissez au quart de tour, toujours sur le qui-vive. Coloration et interprétation motivent vos attitudes.

> Il vous faut d'abord critiquer. C'est plus fort que vous. Vous rendez-vous compte du temps que vous perdez et que vous faites perdre aux autres ? Ces attitudes contre-productives sont de celles qui, si vous n'apprenez pas à les transformer, vous limiteront dans vos projets d'avenir !

L'affirmation contre soi

Elle pousse à compromettre son existence en faisant de mauvais choix ou en restant trop passif. L'alerte doit être donnée lorsque, face à chaque échec, à chaque difficulté, une personne, un collaborateur, cherche la responsabilité ailleurs et reste sourd à l'avertissement, se réfugiant dans un discours du type : « On ne m'a pas donné les moyens. »

Le malchanceux à répétition, le « bouc émissaire » et la victime désignée se laissent enfermer par leur environnement dans ce cercle vicieux, destructeur pour eux-mêmes. Une fois enclenché, plus on s'y laisse prendre longtemps, plus la dépense en énergie pour retourner la situation est importante.

Quand nous nous manifestons ainsi, nous accumulons les choix négatifs. Nous nous mettons en situation de dépendance. Nous développons attentisme et inhibition. En panne, voire paralysés, nous risquons le blocage, au mieux, la descente aux enfers, au pire.

> Vous ne pouvez pas vous empêcher de prononcer la phrase qu'il ne fallait pas. Cela ne rate pas ! Vous connaissez pourtant votre patron ! Régulièrement, vous en arrivez à une relation

de persécuté/persécuteur qui se termine par un changement d'affectation. Vous ne vous remettez pas en question. Pour vous, c'était inévitable. Pensez-vous que cela va durer encore longtemps ? Depuis cinq ans, vous plafonnez, voire régressez. Et vous commencez à sentir des signes d'exaspération dans votre entourage. Or le contexte a changé. La situation économique s'est durcie. Jusqu'où pourrez-vous mettre à l'épreuve la patience de votre entourage ?

Chaque fois, c'est la même chose : quand on vous fait une réflexion, vous baissez la tête, l'air coupable, et… c'est parti, vous devenez le coupable désigné, pour le plus grand soulagement des vrais coupables qui peuvent continuer leurs méfaits en paix. Combien de temps pourrez-vous tenir ?

L'affirmation complaisante

Elle va de la bienveillance, du caractère arrangeant de celui qui cherche à faire plaisir à tout prix, à la forme de « lâcheté » de celui qui va au gré du vent et éventuellement laisse faire, ne dit rien, trouve toujours des excuses aux autres dont il prend la défense par principe.

Pour les autres, qui peuvent y voir une opportunité d'en tirer profit, cela peut avoir pour conséquence une perte de contact avec la réalité. Nous les installons dans une forme de confort, auquel ils peuvent finir par penser qu'ils ont droit, et qui peut devenir de plus en plus pesant pour nous.

Vous ne savez pas dire non et vous avez laissé se faire des précédents. Des abus en résultent et vous sentez que les choses vous échappent. Alors vous essayez de jouer sur l'affectif, la compréhension. Vous êtes en train de perdre votre autorité. Vous « démissionnez », dans l'entreprise mais aussi avec vos enfants, qui vont mal sans que vous vous impliquiez pour les aider. Vous leur trouvez des excuses, et ils s'enfoncent davantage. Est-ce vraiment ce qu'ils attendent de vous ? Est-ce vraiment ce dont ils ont besoin ?

Hier, vous avez vendu votre moto à un jeune du quartier. Vous l'avez laissé partir avec. Il devait vous apporter le solde de ce qu'il vous doit ce matin. Il n'est pas venu au rendez-vous.

« Ce n'est pas une grosse somme, me dites-vous, et il n'a pas beaucoup d'argent ! » Est-ce vraiment un service que vous lui rendez en agissant ainsi ?

L'affirmation à son profit

Elle amène à tout considérer selon son propre intérêt et à limiter l'environnement à soi-même. Elle est toujours subtile et utilise la « ruse » pour ne pas se découvrir. Elle peut aller jusqu'au développement d'un comportement de parasite. Elle provoque une fermeture et une solitude qui, au fur et à mesure, deviennent plus grandes de peur qu'elle ne soit dévoilée. Ainsi, le profiteur considère que son environnement est un terrain uniquement propice à son propre développement. Ce comportement se traduit par :

✓ des actions centrées exclusivement sur ses propres intérêts ;

✓ une attitude défensive destinée à écarter toute gêne, tout risque pour soi ;

✓ la mise en cause des autres pour éviter d'être soi-même mis en difficulté ;

✓ en bref, la négation de l'existence des autres au bénéfice de sa propre existence et expression.

Parfois, il peut s'agir aussi de la « séduction par la faiblesse » de ceux qui se mettent en dépendance des autres et se font « porter » par eux, en leur faisant valoir que c'est difficile et qu'ils ont besoin d'eux.

Le « profiteur » ne peut jouer son jeu que parce que les autres privilégient l'existence de l'ensemble. Il fait des appels sous forme de critiques ou de mouvements de vivacité. Il se met en avant sur des thèmes secondaires qu'il monte en épingle pour se valoriser. Il « pompe » ainsi l'énergie des autres et, du fait de ces appels, évite le risque d'être accusé d'inefficacité. Petit à petit, il épuise ainsi l'énergie intérieure de l'ensemble, tout en paraissant avoir apporté beaucoup. Mais il est en « sursis » permanent et finit par détourner son énergie des problèmes à traiter pour la consacrer à lui-même.

Quand nous privilégions ce mode d'affirmation, nous manipulons notre environnement pour servir notre intérêt personnel. Cela peut aller jusqu'à amplifier les problèmes pour justifier son intervention.

> À chaque réunion, vous semez la perturbation pour que l'on fasse attention à vous. Vous essayez ainsi de vous valoriser, souvent en faisant beaucoup de bruit pour rien. Mais, tant que cette attitude fait illusion, cela vous permet de passer devant les autres. En montant certains problèmes en épingle, vous avez endossé le rôle de Zorro et vous l'avez fait savoir. Mais si vous n'aviez pas généré vous-même ces problèmes, il n'y aurait pas eu besoin de Zorro ! Que se passera-t-il quand les autres s'en apercevront ?

> Vous êtes toujours arrivé à vos fins par la séduction. Un sourire, et vous obtenez ce que vous voulez. Les autres se mettent en quatre pour vous. Et que reçoivent-ils en échange ?

Ces grilles de lecture servent à comprendre ce que nous recherchons vraiment à travers la manière dont nous construisons notre interaction avec notre environnement.

Quelles sont nos manifestations réelles ?

De quels messages sont-elles porteuses pour les autres ?

Avons-nous peur et cherchons-nous à donner le change ?

Exportons-nous notre énergie et en faisons-nous bénéficier notre entourage ? Importons-nous l'énergie de notre entourage à notre propre profit ?

Pour le savoir, nous pouvons passer derrière « le miroir », derrière « le masque » qui nous sert de protection, et observer.

Diagnostiquez vos modes de manifestation dominants

Comment répartissez-vous votre engagement entre ces différents modes d'affirmation ?

. . . .

Quel pourcentage de vos comportements réservez-vous à chacun d'eux ? Quels sont vos modes de manifestation dominants ?

. . . .

Sur quels critères, quels indicateurs, étayés par quelles situations vécues, vous fondez-vous pour faire ce diagnostic ?

. . . .

Que vous ont-ils permis de faire jusqu'à aujourd'hui ? De quelles ressources sont-ils porteurs ? Que voulez-vous faire évoluer ou développer ? Pour quel bénéfice ?

. . . .

3. Une particularité délicate à gérer : la non-cohérence entre notre état d'esprit et notre mode de manifestation

Elle implique le plus souvent une méconnaissance ou une non-acceptation de soi et des autres. Elle est à la base de nombreuses incompréhensions et de nombreuses complications dans la vie professionnelle et personnelle. Tant qu'elle n'est pas traitée, elle constitue une limite pour nous, du fait de l'ambiguïté qu'elle installe à notre insu. Évitons de nous comporter comme ces « sauveurs » qui commencent par mettre des bâtons dans les roues pour pouvoir ensuite apparaître comme ceux grâce à qui la situation se débloque ou bien qui manifestent l'agressivité du « faible » et qui attaquent pour masquer leur peur. Que de temps et d'énergie perdus nous économiserons !

 Décrivez vos ressources dans la gestion de vous-même

Formuler nos ressources dans la gestion de nous-mêmes, c'est identifier nos « colorants », nos « filtres » tant internes – nos intentions profondes –, qu'externes, – nos attitudes, ce que nous matérialisons, ce que visent véritablement nos actes.

Reprenez d'abord les exemples concrets, issus de vos expériences et qui illustrent ces intentions et ces manifestations dominantes chez vous.

. . . .

Quels sont ceux qui ont été les plus porteurs pour vous ?

. . . .

Quels bénéfices vous ont apporté les intentions et manifestations sur lesquelles vous vous êtes appuyé(e) ? En quoi constituent-elles pour vous un socle ? À quelles ressources vous donnent-elles accès ? Dans quels contextes ?

. . . .

Que voulez-vous garder ? Que voulez-vous changer ?

. . . .

Quels fondamentaux se dégagent de votre exploration ?

. . . .

Gérer ses relations

L'homme, comme l'ensemble des êtres vivants, est un être communicant. Situé au confluent d'un grand nombre d'informations, il les trie. Ce tri lui permet de définir les systèmes pertinents avec lesquels il privilégie les interrelations et d'intégrer les interdépendances. Nous sommes un système ouvert. Nous échangeons avec notre environnement. Nous sommes en perpétuelle évolution avec lui. La gestion adaptée de ces échanges nous permet de les optimiser, d'en tirer de la richesse, de nous en nourrir.

Gérer nos relations, c'est savoir agir sur et avec les autres. C'est mettre en place des systèmes adaptés pour :

✓ **communiquer,** c'est-à-dire échanger et partager de l'information ;

✓ **collaborer,** c'est-à-dire tenir notre place, jouer notre rôle, assurer nos fonctions, au sein du système global auquel nous appartenons ;

✓ **s'affirmer,** c'est-à-dire être présent, protéger les intérêts dont nous avons la charge, être force de proposition et d'influence.

C'est la bonne compréhension de l'intérêt supérieur commun entre nous et notre environnement qui nous permet à chaque instant de nous situer, de nous ajuster et de nous réguler par rapport à cet environnement.

Nous sommes des êtres vivants. En tant que tels, nous possédons les mêmes caractéristiques que celles de toute matière vivante. La biologie nous décrit les caractéristiques de la vie comme étant liées à l'apparition de capacités d'échanges avec son environnement, de procréation et de création, chez des structures ordonnées et organisées, en développement, en évolution.

Ces caractéristiques se manifestent chez nous à travers des « fonctions » qui correspondent à des éléments moteurs profonds : la survie pour les échanges, la création pour la procréation, la pérennité pour l'organisation, le développement pour la satisfaction des attraits. À chacune, nous associons son moteur ou « pulsion » dans la gestion de nos échanges avec le milieu environnant.

Ainsi, la survie implique la confiance en notre capacité à trouver dans l'environnement les moyens pour subvenir à nos besoins.

La procréation implique le but et le projet qui donnent un sens à notre relation avec l'autre.

La pérennité implique l'appartenance et la capacité à nous situer dans une organisation et à y trouver notre place.

Le développement implique l'attrait et la confrontation avec les déséquilibres que peuvent engendrer chez nous les sentiments intérieurs de manque face au désir ainsi que la mobilisation pour les combler.

Nous établissons nos relations selon des priorités qui nous sont propres. Nous donnons ainsi une tonalité tout à fait différente à nos échanges selon ce à quoi nous consacrons le plus d'énergie, ce qui est notre priorité, parce que cela correspond à un moyen pour agir sur les autres ou parce que nous attendons des autres qu'ils nous satisfassent dans notre attente sur ce plan.

1. Survie – Échange – Confiance – Sûreté

Quand nous donnons la priorité à la survie, nous communiquons sur les moyens : les identifier, les chercher, les trouver, les optimiser, les partager, les rassembler… Nous recherchons les réseaux d'échanges et la mise en commun de moyens. Nous partageons, transmettons nos connaissances, nos « bagages », notre expertise, et nous nous affirmons par nos compétences, nos moyens intellectuels. Nous créons des liens. Nous aimons collaborer et influer, plus que nous affirmer et exercer une autorité.

Nous pouvons repérer que nous échangeons par la confiance, à travers le vocabulaire que nous utilisons, par exemple : « Les manques… les moyens… chercher… trouver… je connais… les compétences… aller vers… échanger… les réseaux… les opportunités… »

> Vous attachez une grande importance aux moyens et vous veillez à en faire l'inventaire et à repérer les manques, que vous signalez aussitôt. Dans vos phases actives, vous cherchez et généralement vous trouvez comment les combler. Dans vos phases de dépendance, vous constatez et faites des demandes, vous déplorez qu'elles ne soient pas satisfaites.

> Vous savez que plus vous établissez d'échanges avec votre entourage, plus vous vous sentez confiant. Vos réseaux sont actifs et vous ne perdez pas une occasion de les alimenter. Vous n'avez pas votre pareil pour entrer en relation et tisser des liens.

2. Pérennité – Ordre – Appartenance

Quand nous donnons la priorité à la pérennité, nous communiquons sur l'organisation, la classification, le recentrage sur un contexte. Nous sommes sensibles à collaborer pour être utiles. Nous nous situons au sein d'une équipe. Nous sommes attentifs à notre place et à notre rôle dans l'environnement. Nous nous positionnons dans une lignée, une logique, par rapport à une histoire. Nous aimons les clubs et agir dans des associations. C'est pour nous une manière de nous faire reconnaître et de reconnaître les autres à travers une « filiation ». Nous mettons en avant le sens du service, la disponibilité, l'esprit de contribution et l'ordre des choses. Nous nous affirmons par la structuration. Nous nous affirmons par l'exercice de notre fonction.

Nous pouvons repérer que nous échangeons par l'appartenance, à travers le vocabulaire que nous utilisons, par exemple : « L'ordre… le cadre… pour situer… l'utilité… ma place… j'appartiens… je suis issu(e)… le fonctionnement… la règle… »

> Pour m'expliquer le contexte professionnel où vous évoluez aujourd'hui, vous reprenez vos expériences successives depuis le début, que vous situez dans un enchaînement de fonctions, de structures, dans un ordre logique. Vous avez une approche historique. Vous accordez de l'importance à l'organisation et au sentiment d'appartenance qu'elle génère en vous ainsi qu'à la fierté qui va de pair… quoique, depuis quelque temps, vous preniez du recul. « Il ne fait pas bon être trop fidèle de nos jours », me confiez-vous…

> Vous vous intéressez à l'origine des noms et vous n'avez pas votre pareil pour débusquer derrière le nom de famille de vos interlocuteurs, leur histoire, leur filiation…

3. Procréation – Création – But

Quand nous donnons la priorité à la procréation, nous communiquons sur l'objectif et sur le « pour quoi ». Nous recherchons l'aboutissement, notre attention et nos efforts sont orientés vers le résultat. Notre volonté est de créer et de conclure. Nous dégageons une forme d'impatience, un besoin d'action. Nous pouvons en oublier de prendre le temps d'installer la relation, de créer le climat. Nous ressentons vivement ce qui nous freine. Nous aimons argumenter et convaincre pour emmener les autres dans nos buts. Nous aimons nous sentir suivis. Nous collaborons à condition de partager les buts de notre environnement. Notre affirmation est fondée sur ce que nous voulons ou pas.

Nous pouvons repérer que nous échangeons par les buts, à travers le vocabulaire que nous utilisons, par exemple : « L'objectif… je veux… pour… pour quoi… créer… »

> Ce qui est important pour vous : ce pour quoi vous faites les choses et les résultats que vous en attendez. Vous n'y allez pas par quatre chemins et vous faites souvent l'économie des préliminaires. Certains vous trouvent d'ailleurs un peu cavalier. Mais les « enjolivures », « le chemin des écoliers », ce n'est pas pour vous qui avez l'habitude de dire et qui avez surtout la volonté de finaliser, d'aboutir.

4. Développement – Déséquilibre – Attrait

Quand nous donnons la priorité au développement, nous communiquons sur ce qui suscite chez nous de l'intérêt, de l'envie, une attirance. Nous cherchons à développer. Nous cherchons également la possibilité de vivre nos passions, de nous enrichir. C'est le sentiment d'un manque qui stimule notre énergie et notre élan pour remplir le vide. Moteur de mouvement, l'attrait se nourrit du désir. Nous nous affirmons en générant de l'enthousiasme autour de nous. Nous agissons sur les autres par la « contagion ».

Nous pouvons repérer que nous échangeons par les attraits, à travers le vocabulaire que nous utilisons, par exemple : « J'aime… l'intérêt… ce qui me passionne… développer… »

> Vous vous mobilisez sur ce qui vous plaît et crée chez vous l'envie, la curiosité. Pour m'expliquer votre parcours vous me parlez de vos goûts, de ce qui vous a attiré dans les différentes

entreprises auxquelles vous avez collaboré. Vous me dites vos envies, ce qui vous développe, ce qui change, les expériences qui vous tentent… il faut que cela bouge. Quand vous avez le sentiment de faire du surplace… vous partez. C'est ainsi que vous avez toujours fait, ce n'est pas maintenant que vous changerez ! me dites-vous avec assurance.

Il existe différentes manières de gérer ses relations à partir de là.

Plus nous nous sentons à l'aise dans la gestion de nos relations, plus nous nous exprimons avec flexibilité sur ces différents vecteurs de communication. Que ce soit pour exprimer nos idées, pour collaborer avec les autres ou pour nous affirmer, exercer notre impact, faire entendre notre voix, nous nous exprimons sur l'ensemble de ces vecteurs à notre disposition et, ceci, dans un langage actif et positif.

Nous faisons preuve d'intelligence relationnelle en nous adaptant au code de langage de nos interlocuteurs. Cela donne de la puissance à nos paroles. Cela stimule nos capacités d'écoute.

Plus nous nous positionnons en demande vis-à-vis de notre entourage, quand nous attendons des autres des buts, des moyens, des propositions motivantes, des signes d'appartenance, plus nous adoptons une attitude passive qui nous rend en attente de notre entourage dans nos relations, avec tout ce que cela peut avoir d'aléatoire.

Notre attitude peut être proactive : nous proposons, nous stimulons, nous nous engageons, nous convainquons, nous cherchons et nous trouvons les opportunités dans le système de contraintes auquel nous avons à nous adapter.

Notre attitude peut aussi être réceptive, si nous cherchons à comprendre les autres et à identifier leurs buts, leurs attraits, les éléments qui génèrent en eux confiance et appartenance.

Elle peut encore être caractérisée par sa dépendance à l'environnement, aux autres, aux circonstances. Nous en sommes alors tributaires avec tous les risques que cela peut comporter pour nous à long terme.

Sommes-nous acteurs ? Sommes-nous en attente ? Sommes-nous récepteurs ? Dans quels domaines sommes-nous acteurs ? Dans quels domaines sommes-nous en attente ? Dans quels domaines sommes-nous récepteurs ?

Décrivez vos ressources dans la gestion de vos relations

Comment répartissez-vous votre expression entre confiance, appartenance, but et attrait ? Pour quoi faire vous servez-vous de chacun de ces vecteurs ? Quel pourcentage prennent-ils chacun dans votre communication avec les autres ?

. . . .

À quelles ressources vous donnent-ils accès dans vos relations ? Comment les avez-vous expérimentées ? Sur quelles situations tangibles vous fondez-vous ?

. . . .

Avez-vous, de façon dominante, une attitude proactive, réceptive, passive dans la gestion de vos relations ? Quelles conséquences cela a-t-il pour vous ?

. . . .

Quels fondamentaux se dégagent qui décrivent vos compétences dans la gestion de vos relations ?

. . . .

Gérer les problèmes

Nos capacités de résolution de problèmes prennent deux grandes directions selon ce que nous privilégions : la réflexion (agir sur les idées) ou l'action (agir sur les événements). Quelle est notre priorité ? Où faisons-nous la différence ? Où se trouve notre valeur ajoutée ? Comment faisons-nous pour traiter les missions que nous prenons en charge ? Quelles ressources nous reconnaît notre entourage ? Où sont nos facilités ?

1. Agir sur les idées

Si nous faisons partie de ceux qui agissent en priorité sur les idées, nous nous exprimons en tant qu'hommes ou femmes de réflexion, nous analysons, nous observons, nous évaluons, nous concevons,…. Nous sommes des hommes ou des femmes d'études voire des chercheurs, des expérimentateurs, des créatifs… la curiosité nous habite. Nous cherchons à expliquer, comprendre, le sens des choses.

À quoi nous repérer ? Une fois la solution trouvée, nous considérons que nous avons abouti. Hommes ou femmes de réflexion, nous analysons, nous observons, nous établissons des diagnostics, nous exerçons notre sens critique. Les autres apprécient nos synthèses, elles sont creusées, si nous allons en profondeur, ou amples, si nous choisissons la transversalité et l'interdisciplinarité. Nous posons le problème, proposons une ou des solutions et laissons ensuite le choix final à celui qui réalise. Dans ce cas, aller jusqu'à la finalisation de la production ne nous semble pas indispensable. Ce que nous aimons : peaufiner nos idées, chercher tout autant (voire plus) que trouver. Nous pensons souvent au futur, en termes de projets, d'hypothèses, de changements possibles, d'améliorations. Au présent, nous creusons, approfondissons. Nous modélisons ou élaborons la mise en scène. C'est notre fond vivant et accrocheur, qui nous permet d'éviter de trop nous disperser et de papillonner.

Nous parlons en termes de…

« On pourrait aussi faire autrement », « Ce qui compte, c'est l'idée », « Et si… ? »

Quelques exemples de métiers types :

✓ Ingénieur d'études.

✓ Chercheur (se).

✓ Responsable méthodes.

✓ Responsable communication.

✓ Conseil.

✓ Homme ou femme du « plan »…

Vous êtes rarement aussi motivé que lorsqu'il faut élaborer une nouvelle organisation. Interviewer les différents acteurs, repérer, diagnostiquer les dysfonctionnements, proposer des idées d'amélioration des processus… Quant au passage à la mise en œuvre, vous préférez qu'un relais soit pris de façon à pouvoir vous investir dans un nouveau projet.

Vous invitez vos amis à des fêtes dont vous avez soigneusement réglé le décor et la mise en scène. Ils en gardent des souvenirs inoubliables !

Comment agissez-vous sur les idées ?

Quelles ressources avez-vous expérimentées dans l'action sur les idées ?

. . . .

Que vous ont-elles permis de faire ? À quelles compétences vous ont-elles donné accès ? Quelles compétences vous reconnaissez-vous et vous reconnaît-on, aujourd'hui, dans ce domaine ?

. . . .

2. Agir sur les événements

Si nous faisons partie de ceux qui agissent en priorité sur les événements, nous nous affirmons en opérationnels, hommes ou femmes du « faire » avant du « dire ».

Comment nous repérer ? Hommes ou femmes d'action, nous considérons que notre mission commence quand la réflexion sur la recherche de solutions finit. Nous agissons sur les opérations. Ce sont les buts et leurs résultats qui nous mobilisent. Directs, concrets, ou entraîneurs et déterminés, nous allons au bout des problèmes pratiques. Réalisateurs, nous aimons le terrain, pensons et parlons au présent. Nous décidons, nous avançons, nous mettons en place des solutions.

Nous concrétisons. Nous aimons les initiatives. Nous transformons les contraintes en opportunités. Nous organisons. Nous suivons l'avancement de l'action. Nous prenons les choses à bras le corps. Nous savons conclure.

Nous parlons en termes de…

Nos réponses sont nettes et sans fioritures. Nous savons dire oui ou non. Nous préférons souvent l'action à la parole.

Quelques exemples de métiers types :

✓ Chef d'atelier.

✓ Responsable production.

✓ Conducteur de travaux.

✓ Artisan.

✓ Chirurgien…

Gérer les opérations, tenir les rênes, sentir votre pouvoir sur les événements… vous aimez décider, être au contact du terrain, être au cœur de ce qui se passe et y répondre. Vous ne savez pas toujours vous « vendre » mais vos résultats parlent pour vous, pensez-vous.

Vous vous réalisez dans l'action.

Vous avez toujours une activité en cours : repeindre une pièce, planter des fleurs dans votre jardin, apprendre à piloter, votre dernière lubie !

Comment agissez-vous sur les événements ?

Quelles ressources avez-vous expérimentées dans l'action sur les événements ?

. . . .

Que vous ont-elles permis de faire ? À quelles compétences vous ont-elles donné accès ? Quelles compétences vous reconnaissez-vous et vous reconnaît-on, aujourd'hui, dans ce domaine ?

. . . .

Décrivez vos ressources dans la gestion des problèmes

Comment répartissez-vous votre énergie entre l'action sur les idées et l'action sur les événements dans la gestion des problèmes qui vous sont confiés ? Quel pourcentage de vos comportements réservez-vous à chacune ?

. . . .

Quels fondamentaux retenir qui viennent enrichir votre réflexion sur vos compétences ?

. . . .

Faites la synthèse. Vos ressources dans la dimension personnelle

Quels fondamentaux, quelle ligne de force, se dégagent de votre dimension personnelle ?

. . . .

Que voulez-vous en faire ? Quelle place pensez-vous leur donner ?

. . . .

LA DIMENSION ACTIVITÉS/MÉTIER : IDENTIFIER ET CONSTRUIRE SON EXPERTISE

Les experts, les spécialistes, ceux qui ont l'ambition de s'affirmer en professionnels dans leur domaine, développent en priorité cette dimension. Ils s'affirment par leurs connaissances, la spécialité dans laquelle ils se sont investis. Ils en tirent leur crédibilité. Ils leur consacrent ainsi qu'à leur développement, une part importante de leur énergie.

Il existe différentes sortes d'experts : de l'artisan à la profession libérale, en passant par le chercheur, l'inventeur et ses brevets, et aussi le peintre, ou le sculpteur qui travaille la matière avec art, le musicien…

Cette dimension activités/métier est importante en ce sens qu'elle nous donne notre première assise, au-delà de la dimension personnelle, par les connaissances et les savoir-faire que nous engrangeons et que nous pouvons ensuite mettre en œuvre.

Elle correspond donc :

✓ à notre capital connaissances et savoir-faire ;

✓ à la place que nous lui accordons, dans notre vie ;

✓ au rôle qu'il joue dans l'expression de nous-mêmes.

De sa nature dépend ce dont nous avons besoin pour nous sentir légitimes : sommes-nous généralistes ou experts ? Généralistes, nous privilégions la maîtrise de processus, dans une dimension transversale. Nous intervenons dans le pilotage de différents systèmes. Experts, nous privilégions la maîtrise d'un domaine dans une dimension systémique, dans le sens appartenir à un des grands systèmes de l'organisation et l'approfondir pour le dominer tout en contrôlant ses interactions avec le reste de l'organisation. Agissons-nous à l'image de notre système sympathique, à fonction transversale et impact global, ou à l'image de notre fonction digestive, à la fonction spécialisée ?

Cette dimension parle de contenus, nos domaines de connaissances, et de mise en scène, ce que nous en faisons, c'est-à-dire nos savoir-faire. Il s'agit d'abord de lister, ce qui peut paraître laborieux et pour certains, vain. Et pourtant, nous avons vu précédemment que le plus grand potentiel créatif est chez celui qui, du fait de la richesse assimilée, peut faire des ponts et des associations entre de multiples disciplines, à l'exemple d'un Léonard de Vinci.

Domaines de connaissances

Nous pouvons classer nos connaissances selon leur domaine : artistique, sportif, technique, technologique, scientifique, linguistique, sciences humaines, économique, management de l'entreprise, métiers, organisations d'entreprises, réseaux relationnels, institutions politiques, société/social, milieux culturels et multiculturels, culture...

Nous évaluons ensuite notre niveau de maîtrise de chacun : nous en avons une maîtrise issue d'une culture ou connaissance générale, d'une pratique ou mise en œuvre quotidienne, d'une expertise reconnue par notre environnement. Nous l'illustrons enfin par la description de ce que nous en faisons, c'est-à-dire par des réalisations marquantes.

1. Culture, connaissance générale

Il s'agit de tous les sujets dont nous avons une connaissance théorique et/ou générale et sur lesquels nous n'avons pas de pratique. Ils nous intéressent. Nous nous documentons. Nous pouvons en parler. Nous en connaissons le vocabulaire. Ils nous permettent de faire des ponts, des associations, entre différents domaines et ils enrichissent notre pratique.

> Très éclectique, vous avez de nombreuses passions extra-professionnelles. De la musique au sport d'équipe en compétition, en passant par les transmissions (vous m'avez expliqué par le menu les satellites et les enjeux du direct) mais aussi la place de l'improvisation dans le jazz... Vous avez réfléchi sur le rapport qu'il peut y avoir entre le jazz et le management d'une équipe, la mobilisation de compétences collectives. C'était votre projet, vous aviez envie de vous y frotter, mais vous n'en aviez pas encore l'expérience dans le domaine professionnel. Il vous fallait trouver comment tirer parti de votre expérience de l'un pour nourrir votre développement.
>
> Votre esprit curieux fait de vous un puits de science. Tout vous intéresse. Vous avez en permanence une encyclopédie à portée de la main. Quel que soit le domaine, c'est là que vous puisez votre inspiration. « On peut faire des ponts entre les sujets les plus éloignés » avez-vous l'habitude de dire.

2. Application

Il s'agit de tous les sujets dont nous avons la pratique au quotidien. Nous pouvons mettre en œuvre nos connaissances dans un cadre défini. Nous sommes à l'aise dans l'application des principes et procédures, des méthodologies, concernés. Nous avons acquis des réflexes qui nous permettent de savoir ce que nous devons faire, quand, comment, pourquoi… Nous maîtrisons l'ordre des choses dans ce domaine.

Vous êtes maître dans la sécurité nucléaire et vous connaissez sur le bout des doigts les procédures d'alerte et les modalités des arrêts de tranche, dans la maintenance préventive des sites que vous avez managés au quotidien. Cela vous incite à vous tourner vers les enjeux environnementaux. Vous y trouvez de nouveaux domaines à explorer, l'opportunité d'apprendre encore, tout en ayant matière à tirer parti de votre expérience de la sécurité et de ses exigences.

Vous dessinez depuis dix ans. Le hobby s'est transformé petit à petit en passion, puis en activité principale. Vous exposez. Vos toiles plaisent. Vous démarrez une deuxième vie.

3. *Expertise*

Il s'agit de tous les sujets pour lesquels nous avons un niveau de maîtrise suffisant pour contribuer au développement, à l'évolution, à la transmission du savoir en question. Nous nous posons des questions. Nous remettons en question notre connaissance. Nous formalisons notre pensée dans des publications professionnelles. Nous animons des formations sur ces thèmes. Nous participons à des congrès professionnels et interprofessionnels.

Vous vous dites expert en stratégie. Certes, vous avez un doctorat dans ce domaine, c'est-à-dire un savoir théorique, mais justement, trop théorique pour vos managers. Il s'accompagne d'un discours abstrait, déconnecté de la réalité, si bien que votre entreprise ne vous reconnaît pas l'opérationnalité de cette compétence. Elle craint peut-être « l'usine à gaz… » Que faire ? Comment rassurer vos managers ? Faut-il les rassurer ? Avez-vous vraiment un avenir professionnel sur ce créneau ? Est-ce un hobby, un intérêt intellectuel ? Et pourquoi ne pas vous tourner vers l'enseignement ?

Passionné de la période napoléonienne, c'est tout naturellement que vous avez commencé à exécuter des miniatures.
Votre sens du détail, votre goût de la perfection vous a, petit à
petit, fait reconnaître parmi les professionnels. Certaines de
vos pièces sont recherchées par les collectionneurs.

Votre capital savoirs

Prenez quelques instants… Faites le point sur vos savoirs,
vos connaissances.

Listez et décrivez, selon le modèle suivant :

Connaissances générales	Application	Expertise
Nature et description :	Nature et description :	Nature et description :

N'avez-vous rien oublié ?

Quels sont les plus importants à vos yeux ?

. . . .

Quelles ressources vous donnent-ils ?

. . . .

Qu'en faites-vous ?

. . . .

Quelles sont celles que vous préférez ?

. . . .

Qu'êtes-vous prêt(e) à faire pour les mettre en œuvre si cela
n'est pas déjà fait ?

. . . .

Quelles connaissances complémentaires auriez-vous envie d'acquérir ?

. . . .

Gérer des connaissances

Après avoir fait le point sur vos savoirs, faisons le point sur la manière dont vous vous investissez pour en tirer parti.

Comment les mettez-vous en scène ?

Privilégiez-vous le fait de rester en veille sur ces sujets ? de les exploiter, au quotidien ? de les transmettre ?

1. Veille

Quels moyens avez-vous mis en place pour rester informé(e) des évolutions sur les sujets qui concernent vos savoirs et vos savoir-faire ? des évolutions du métier tant sur le plan des nouveaux outils disponibles que sur celui des différentes pratiques en cours ? Quels circuits d'informations avez-vous générés pour cela ? Comment utilisez-vous les informations recueillies ?

Vous avez fait le point sur vos connaissances, vous les avez organisées, vous avez réfléchi à celles que vous entreteniez avec le plus de passion et... vous avez pris conscience qu'il s'agissait de vos hobbies. Vous avez une grande richesse intérieure. Avez-vous aujourd'hui envie d'en tirer un profit différent ?

Vous êtes au courant de tout ! Rien de ce qui concerne l'actualité de l'art ne passe au travers de vos filets. Et il en va de même pour le sport, en particulier la formule 1, mais aussi tous les sports à risque, qui vous fascinent. Vous avez organisé une veille d'internaute avisé ! Vos amis, vos relations, sont également des pourvoyeurs actifs d'informations.

2. Exploitation

De quelle manière tirez-vous parti de ces connaissances ? Comment les mettez-vous en action ? Pour quoi faire ? Pour quelle contribution ? Les mettre en œuvre, faire évoluer les pratiques… ? Quelle place leur donnez-vous ?

La manière dont vous les mettez en scène vous donne de l'information sur ce que vous savez faire, vos savoir-faire.

> Vous vous posez en généraliste. Vos connaissances sont une toile de fond qui apporte de la fluidité et de la flexibilité à votre pensée. Votre savoir-faire principal consiste en un rôle d'ensemblier : au niveau de la réflexion, où vous jouez un rôle d'architecte en combinant les données complexes sur lesquelles vous travaillez, au niveau managérial où vous orchestrez des compétences multiples. Sens technique et savoir-faire relationnel vous permettent de faire la différence quand vous montez des affaires pour votre entreprise.
>
> Vos savoir-faire, à la fois transverses (capacité à apprendre et à capitaliser sur des expériences, monter un réseau d'information, vous adapter à des cultures différentes) et managériaux (entraîner, contrôler et soutenir), vous permettent de contribuer avec talent à la construction de la pérennité dans votre environnement en pleine mouvance, où il faut redonner des repères, retrouver des marques, bâtir sur l'histoire tout en se tournant résolument vers l'avenir dessiné par la direction de l'entreprise.
>
> Vous avez un savoir-faire particulier pour mettre en relation les uns et les autres. Votre sens relationnel vous place au cœur de réseaux actifs et vivants. Entremetteuse ? aurait-on dit de vous en d'autres temps.

3. Transmission

À quelles occasions vous êtes-vous impliqué(e) dans le transfert de vos savoirs et savoir-faire ? Avec quel résultat ? Quelle satisfaction en avez-vous retirée ? Quel bénéfice cela vous a-t-il apporté ? à votre environnement ?

Vous êtes connu pour vos talents de « pépiniériste ». C'est ainsi que l'on appelle, dans votre entreprise, ceux qui se chargent des « pépins », ces jeunes en situation d'éveil de leur potentiel et de mise en selle professionnelle.

Vous les suivez, ensuite, dans leur évolution quand ils s'échappent pour voler de leurs propres ailes. Vous vous sentez fier de leur progression.

Vous aimez expliquer et vous vous portez volontaire chaque fois que des opérations de « vulgarisation » de votre métier sont organisées par votre entreprise.

Vous avez contribué à élaborer des bases documentaires solides. Vous avez été un pionnier de la gestion dynamique des connaissances dans votre direction.

Votre esprit clair et votre grande maîtrise de vos sujets vous permettent de rendre simple et accessible le plus complexe.

Vous avez un sens inné de la pédagogie.

Vous savez rendre simple et vivant le plus rébarbatif des sujets. Les enfants ne s'y trompent pas : « explique-moi… » vous demandent-ils sans se lasser.

La gestion de vos connaissances, de vos savoirs, de vos savoir-faire

Comment les maintenez-vous à jour ?

. . . .

Dans quels contextes les utilisez-vous ? Pour quoi faire ?

. . . .

À quelles occasions les transmettez-vous ?

. . . .

Faites la synthèse. Vos ressources de la dimension activités/métier

Quels fondamentaux, quelle ligne de force, se dégagent de votre dimension activités/métier en termes de savoirs ? de savoir-faire ?

. . . .

Que voulez-vous en faire ? Quelle place pensez-vous leur donner ?

. . . .

Apprendre tout au long de sa vie professionnelle, quelle réalité cela a-t-il eu pour vous ? Sur quoi souhaitez-vous continuer à vous investir pour apprendre ? Sous quelle forme envisagez-vous une formation ? Avec quel objectif, à court terme, à moyen terme ?

. . . .

LA DIMENSION POUVOIR/MANAGEMENT : IDENTIFIER ET CONSTRUIRE SON LEADERSHIP

La dimension managériale est celle de l'emprise, de l'influence et de l'action sur les autres, celle des leaders. Là encore, il existe différentes manières de l'exercer et différents contextes pour le faire. Elles illustrent notre type de leadership ; cela va du chef de commando au capitaine en passant par le leader syndical, la pasionaria, le chef révolutionnaire, le pilote d'opérations, le chef de projets, l'entraîneur, le conquérant, le président, le gestionnaire, le lanceur, le développeur, l'instigateur, le chef de bande, le chef de clan, le « baron » et sa baronnie…

Elle nous mobilise dans l'action sur un environnement humain, des collaborateurs, des équipes. Elle dépend du type de pouvoir et de charisme que nous privilégions : elle met en jeu notre pouvoir sur le monde qui nous entoure, notre autorité, notre présence et fait la synthèse de notre mode de gestion espace/temps/personnes.

Elle s'exprime à travers notre mode de délégation et de mobilisation, notre force d'entraînement, notre puissance pour fédérer.

Sommes-nous mobilisateurs ou dictateurs ? capitaines ou généraux ? ou…

Dire que la dimension pouvoir/management s'exprime par le niveau et la force de notre investissement sur l'espace, le temps et les personnes, individus et équipes, revient à se poser la question de l'énergie et des ressources que nous nous sentons prêts à investir dans notre champ d'intervention, dans l'action sur notre environnement, dans la gestion du temps et dans la gestion des équipes.

Comment sommes-nous prêts à nous y engager ? Quelle conscience en avons-nous ? Quelle est la dimension qui nous convient ? Dans quel rôle et quelle position avons-nous accès au maximum de nos ressources ?

La dimension pouvoir/management s'appuie sur des qualités issues de la dimension personnelle, mais elle ne s'y limite pas. Elle est plus encore. Elle nous demande d'accéder à une compréhension différente de notre rôle. Nous n'agissons plus en direct mais à travers d'autres personnes, voire différentes équipes. Elle comporte une difficulté particulière : avoir à nous situer au niveau adéquat d'intervention. En aucun cas, nous l'avons tous expérimenté de près ou de loin, le management n'est une fin en soi, ni une récompense, ni un dû, encore moins un signe de reconnaissance. C'est un rôle qu'il faut aimer, qu'il faut se sentir prêt à assumer, avec toutes ses richesses, ses contraintes, ses satisfactions et ses tensions. C'est une responsabilité, qui peut nous apporter, certes, mais qui implique que nous soyons prêts à donner avant de prendre.

Aimer le pouvoir et/ou le management, implique avant toute chose d'aimer les autres, la pâte humaine, d'aimer le contact et la confrontation, d'aimer communiquer et aussi d'oser, d'oser exiger, d'oser s'exprimer, d'oser dire les choses. Manager implique un langage clair, d'autant plus explicite que la taille de l'équipe augmente. Il implique encore de savoir prendre soin de soi et des autres et de le faire, à tout instant, pour chaque décision. Quand nous bousculons un membre de notre équipe, c'est l'équipe tout entière que nous déstabilisons, que nous rudoyons. Il ne s'agit pas, bien sûr, de prôner le laxisme, mais simplement de mettre l'accent sur l'importance de la bonne gestion du fond et de la forme dans nos actions sur les autres, et aussi sur la bonne définition du… courage.

Dans cette partie, *il faudra prendre le terme manager dans son sens le plus large.* On manage des équipes dans la vie professionnelle, mais on manage aussi des équipes dans la vie associative, des enfants et une famille dans la vie privée.

Le management, l'exercice d'un pouvoir sur d'autres est probablement un service avant d'être un statut. C'est en tout cas ma conviction.

Et pour vous, quelle est sa place dans vos ambitions, dans vos attraits ? Quels talents vous connaissez-vous pour ce rôle, cette responsabilité ? C'est ce que nous allons explorer ensemble.

Pour aller plus loin, je vous propose de déterminer vos caractéristiques de manager. Elles vous permettront de définir le contexte et le type de pouvoir sur d'autres qui vous conviennent, aujourd'hui, de formaliser votre portrait dans l'action sur les autres. Nous allons ainsi réfléchir sur votre manière propre de gérer votre espace, c'est-à-dire le champ d'intervention que vous vous donnez et votre action sur l'environnement, de gérer le temps, et de gérer les équipes.

Gérer son espace

1. Votre champ d'intervention

Le champ d'intervention se définit en termes de territoire, c'est-à-dire de terrain d'action, et de complexité. Le champ d'intervention correspond en quelque sorte à la vision, à la représentation que vous vous faites de votre terrain d'action, de votre territoire d'expression. De quels espaces différents est-il fait ? Où sont-ils situés ? Quelle est leur dimension ?

Comment s'agencent-ils ? Jusqu'où vont-ils ? Quel rôle y jouez-vous ? Quels sont les autres acteurs qui interviennent ? Où vous sentez-vous le plus à l'aise ? dans le management d'experts, hiérarchique ou de projets ? Nous avons tous un territoire imaginaire ou affectif et un territoire matériel qui en est la projection dans la réalité.

Mon territoire est un « coin chaud » d'où je peux voir le monde sans limites. C'est un lieu ouvert sur l'extérieur d'où toute conquête peut être envisagée et menée au gré des curiosités et des besoins….

Mon territoire est comme une maison avec ses différentes pièces. Tout y a une place et une utilité. J'en suis le maître de maison. J'y suis avec mes proches. On vient m'y rendre visite….

Mon territoire est comme une montagne dont le sommet, dans les nuages, serait toujours proche et pourtant toujours inaccessible. Je peux y mener, seul ou avec d'autres, des expériences multiples. Les groupes se font et se défont au gré des expéditions….

Dans mon territoire, il y a une rivière qui passe. Elle est le courant qui permet les échanges et la communication avec les alentours…

Mon territoire, c'est l'univers ; d'abord la terre où j'ai ma maison, sur une falaise, d'où je vois l'immensité de la mer, par laquelle arrivent des bateaux qui m'apportent des denrées rares et précieuses. Cette flotte m'appartient. Cette maison est située dans un village à la fois isolé et proche d'une métropole où je peux aller pour acheter et vendre des marchandises. Ma famille est en sécurité quand je pars en expédition pour découvrir de nouveaux territoires. Quand j'ai besoin de me retrouver avec moi-même, c'est le monde des étoiles et des planètes qui me sert de refuge…

Ces descriptions sont une image, parfois poétique, toujours idéale. Elles représentent chaque fois, une vision de l'espace idéal, imaginaire, d'expression et d'intervention propre à une personne. Cette vision comporte plus ou moins de détails, de précisions. L'organisation en est plus ou moins complexe. Une fois que vous avez écrit votre propre représentation, vous pouvez la traduire, la matérialiser puis la comparer à votre territoire de vie actuel : quel rapport a-t-elle avec l'organisation matérielle de votre territoire de vie actuel ? Qu'est-ce qui lui manque par rapport à cette vision idéale ? Qu'y a-t-il en trop ? Que pouvez-vous changer ? Sur quoi pouvez-vous agir pour cela ?

Description de votre territoire de vie idéal				
Passage du rêve à la réalité				
Systèmes	Les mots clés et leur traduction d'un système à l'autre			
Territoire idéal				
Espace actuel d'expression				
Comparaison avec le territoire de vie actuel et enseignements				

Ce territoire se traduit par un espace et sa position géographique ainsi que par une dimension, une complexité. Ils nous donnent des informations sur la dimension de l'environnement que nous pouvons appréhender. Cette dimension s'exprime à travers :

✔ le nombre et la nature des paramètres que nous pouvons intégrer (plus ils sont nombreux, plus nous sommes attirés par la complexité) ;

✓ leur précision (plus ils sont précis, plus nous maîtrisons cette complexité et pouvons agir dessus) ;

✓ la vision plus ou moins systémique, plus ou moins linéaire de la façon dont s'organise notre rôle, dont se mettent en place les interactions (systémique, nous évoluons dans un système fondé sur les régulations et les rétroactions ; linéaire, nous évoluons dans un système de cause à effet) ;

✓ le niveau d'incertitude, de structuration, de flexibilité qui le caractérise et les moyens que nous nous donnons pour les gérer ;

✓ les réducteurs de complexité que nous savons repérer et qui rendent notre système accessible sans le dénaturer pour autant ;

✓ les paradoxes inhérents au modèle imaginé et la façon dont nous avons pensé leur gestion.

 Quel champ d'intervention vous donnez vous ?

Votre espace de vie recherché

Quelles sont les caractéristiques du rôle, de la position que vous vous y êtes donnés ?

. . . .

En quoi vous y sentez-vous à l'aise ?

. . . .

Que contrôlez-vous ? Sur quoi, sur qui, avez-vous pouvoir d'agir ?

. . . .

Qui, quoi, agit sur vous ?

. . . .

Quels leviers d'action sont les vôtres dans ce cadre ?

. . . .

Comment en décrivez-vous la complexité ? Quelle est sa situation géographique et matérielle ?

. . . .

Retour à votre réalité d'aujourd'hui

Quelles ressemblances et quelles différences a-t-elle avec cet espace recherché ?

. . . .

De quels espaces est constitué l'environnement où vous évoluez ? Quelle en est la complexité ? Comment abordez-vous et gérez-vous sa dimension, les différents acteurs, ce qui fait sa complexité ? Quelle est sa situation géographique et matérielle ?

. . . .

Que voulez-vous garder ? changer ? faire évoluer dans votre réalité d'aujourd'hui ?

. . . .

Sur quelles ressources pensez-vous vous appuyer pour y arriver ?

. . . .

2. Votre action sur l'environnement

Manager, votre impact se mesure aussi à votre capacité à vous donner les moyens d'agir sur l'environnement qui vous est confié, en exerçant votre emprise sur lui par le pouvoir ou par l'influence, en ayant une action structurante ou accompagnante, en gérant des opérations.

En quelque sorte, vous positionnez-vous récepteur et agissez-vous en créant les conditions qui vont pousser à l'action ? ou proacteur, et préconisez-vous l'action directe ?

Quel est votre niveau d'emprise sur votre environnement et quelles conséquences cela a-t-il sur votre type de management ?

Adoptez-vous un fonctionnement structurant, cadrant, qui privilégie le contrôle et la maîtrise ou un comportement flexible, qui privilégie l'esprit par rapport à la règle ? Quelles conséquences cela a-t-il sur votre mode de management et sur le choix de vos collaborateurs ?

Gérez-vous les opérations en stratège ? en tacticien ? Comment décidez-vous ? en vous fondant sur des convictions ou sur des faits ? Vos décisions sont-elles suivies d'effets ? Comment mesurez-vous que les résultats ont été effectivement atteints ? Quelles conséquences cela a-t-il sur votre mode de management ?

Vous exercez une forte pression sur votre environnement à qui vous donnez une autonomie de moyens mais pas de fin ; celle-ci, la finalité, c'est vous qui la donnez. Vos collaborateurs savent exactement ce que vous attendez d'eux. Il n'est pas possible de s'échapper. Vous avez autour de vous une équipe motivée, à forte capacité de travail. Pour celui qui a peu de résistance, il vaut mieux s'abstenir. Quant à ceux qui ont besoin de densité, de projets dynamisants, d'action, ils trouvent leur place dans vos équipes.

Vous avez une petite équipe de fidèles et tout se passe dans la bonne humeur et la participation. Vous avez su créer un environnement en mouvement, réactif, où chacun peut se réaliser, mais qui peut toutefois manquer d'ambition si bien que parfois certains s'endorment et vous êtes alors obligé de réagir, ce que vous faites. Mais ça vous coûte ! Si cela pouvait marcher tout seul !

Vous avez une intelligence des situations développée. Très à l'écoute et présente sur le terrain, vous savez tirer parti de chaque événement pour aller vers vos objectifs. Vous faites évoluer les rôles de vos collaborateurs que vous avez choisis pour leur adaptabilité et leur rapidité de compréhension des enjeux.

Vous prenez la mesure « du champ de bataille », comme vous avez l'habitude de dire à vos collaborateurs ; vous visualisez votre cible, puis vous construisez avec eux le chemin, ou plutôt le fil directeur avec ses étapes et ses indicateurs d'avancement. Vous alliez souplesse, flexibilité et détermination. Vous agissez en conquérante.

Votre mode d'action sur l'environnement

Comment le caractérisez-vous ? proactif ou réceptif ? structurant ou flexible ? stratège ou tacticien ? analytique ou basé sur les convictions pour décider ?

. . . .

Quelles conséquences pouvez-vous en tirer, en ce qui concerne le type de mission de management qui vous convient le mieux ?

. . . .

Gérer le temps

Il s'agit là de la manière dont vous tirez parti du temps pour jouer votre rôle et dont vous inscrivez vos actions de management dans le temps. Manager, vos équipes attendent de vous à la fois des orientations et des repères pour identifier les priorités, les échéances, pour anticiper et planifier, et aussi parce qu'ils jalonnent et rythment la vie en commun du groupe.

Les orientations impliquent que vous ayez un projet, qu'il soit formulé, partagé, parfois négocié, et qu'il constitue ainsi la cible, l'étoile vers laquelle chacun se dirige et dirige sa contribution.

Les repères sont autant de critères, d'indicateurs, qui permettent à chacun de savoir où il en est vis-à-vis de vous. Ils fixent autant les règles de fonctionnement que les modalités du reporting et les moments clés. Les rites en font également partie.

Fortement ancré dans le présent, vous vivez au rythme de votre équipe, des événements qui font son quotidien et vous accompagnez chacun dans les réalisations dont il a la charge. Vous savez ce qui se passe à chaque instant. Votre disponibilité est maximale. Vos collaborateurs vous sont entièrement dévoués. Mais ils n'ont pas de perspectives. Après, une fois ce projet mené à son terme, ils vous suivront dans le prochain. Vous dirigez un commando qui vit chaque mission avec toute l'intensité du moment présent.

Valeur d'exemple, garant, gestionnaire attentif des contrats qui vous sont confiés, ce sont les règles définies, les principes et procédures habituels, qui conduisent l'action de vos collaborateurs. Tout est rodé. Cela fonctionne depuis longtemps ainsi. Vous vivez au rythme de cycles connus. C'est parce que vous maîtrisez parfaitement l'histoire de vos opérations que vous pouvez apporter à vos équipes une valeur ajoutée précieuse sur ces sujets, où rien n'est laissé au hasard, ni à l'improvisation.

Vous regardez toujours devant. Les autres ont parfois du mal à vous suivre. C'est ce qui va se passer demain qui vous passionne. Vous explorez, défrichez, posez les bases puis vous avez besoin de relais pour mettre en œuvre, sinon le nouveau projet risque de vous faire oublier le précédent.

Vous savez structurer le temps et permettre à chacun de situer son action dans une dynamique et un continuum. Vous inscrivez les actions dans la durée.

Un projet ? Bien sûr ! Améliorer les chiffres comme la direction l'a demandé. À votre avis, est-ce un projet fédérateur ? D'ailleurs, qu'est-ce que cela veut dire ? « C'est à chacun de mes collaborateurs de le savoir », me répondez-vous. Si vous le dites !

Vous avez institué en arrivant un certain nombre de rendez-vous annuels : le lancement de l'année nouvelle, le séminaire perspectives et progrès, tous les deux ans, le bilan à mi-année ; et personne ne manquerait plus ces occasions de participer, au-delà de sa fonction propre, à la vie de l'entreprise.

Quand vous arrivez dans une nouvelle fonction, m'avez-vous expliqué, vous réunissez tous vos collaborateurs et vous leur expliquez ce à quoi vous croyez et comment va fonctionner le reporting, de vous vers eux et d'eux vers vous. Ensuite, et certains s'en sont étonnés, vous faites ce que vous avez dit, au moment que vous aviez annoncé. C'est la condition de l'autonomie, dites-vous : « Il n'y a pas de liberté sans cadre et sans valeurs explicitement exprimés. »

Votre mode de gestion du temps dans vos fonctions de management

Quel profit en tirez-vous ? Pour servir quels objectifs ? Décrivez.

. . . .

Quelles compétences voyez-vous émerger ?

. . . .

À quelles limites êtes-vous confronté(e) ? Que voulez-vous garder ? Que voulez-vous changer ?

. . . .

Quels moyens pouvez-vous mettre en œuvre pour cela ?

. . . .

Quelles conséquences cela a-t-il sur le type de management à privilégier pour vous ?

. . . .

Gérer les équipes

On peut distinguer deux niveaux dans la gestion d'équipes : le management d'une équipe, c'est-à-dire l'encadrement de personnes qui ont toutes la même fonction, le même métier, éventuellement avec différents échelons hiérarchiques, et le management de plusieurs équipes, c'est-à-dire de plusieurs ensembles de personnes, chaque ensemble correspondant à une fonction différente.

Le passage du premier au second niveau correspond à un saut de complexité qui n'est pas négligeable. Le second niveau impose des intermédiaires entre soi et ceux qui produisent et donc, un ajustement de son discours et des modalités du reporting pour les adapter à ses interlocuteurs.

Si vous avez besoin de vous trouver en prise directe avec ceux qui produisent, évitez le deuxième niveau, ou alors, préparez-vous.

Si vous passez de la gestion d'une équipe à celle de plusieurs, interrogez-vous sur la valeur ajoutée que vous attendez de votre patron et n'hésitez pas à interroger vos collaborateurs sur ce qu'ils attendent de vous ni à leur dire de quoi vous avez besoin venant d'eux pour pouvoir assurer votre reporting et vos responsabilités vis-à-vis de vos propres hiérarchies.

Et surtout, ne croyez pas que l'un et l'autre rôles soient équivalents.

Ces préalables étant posés, il est clair que la demande, globalement, reste la même : mobiliser, animer et contrôler. C'est ce sur quoi cela va s'exercer qui change.

1. Vous avez dit, mobiliser ?

Vous n'avez pas votre pareil pour donner du sens, même aux actions les plus ingrates. Ainsi, vous valorisez le rôle et les apports de chacun et vous mobilisez les forces vives de vos équipes. Personne ne « pose de parpaings » mais tous, avec vous, « bâtissent la cathédrale ».

Vous savez traduire la stratégie définie par votre direction en objectifs concrets, aux priorités claires, que vous négociez avec vos collaborateurs en termes de délais.

Quand vous réunissez vos équipes, vous stimulez le partage d'expériences et l'expression de chacun, vous sollicitez la collaboration. Tous sentent vivre, au-delà de leurs apports, l'intelligence du groupe et chacun apprend au contact des autres ce qui fait grandir la compétence collective.

Quand vous avez pris en main cette équipe, elle ronronnait dans ses habitudes et sa performance baissait. C'est avec tous que vous avez initié cette remise en question en profondeur et que vous avez conduit avec persévérance et pugnacité les changements qui ont permis d'aboutir à une externalisation réussie de la fonction.

Vous savez transformer la tâche la plus ennuyeuse en la plus belle des aventures. C'est à conquérir le monde que vous invitez les autres. Ils vous suivent tous !

Quel type de mobilisateur ou de mobilisatrice êtes-vous ?

Quelles compétences avez-vous expérimentées sur ce plan ?

. . . .

Quelles limites avez-vous détectées ?

. . . .

Dans quels contextes les avez-vous mises en œuvre ?

. . . .

Quels enseignements en tirez-vous ?

. . . .

2. Vous avez dit, animer ?

Votre première expérience de la délégation a été particulièrement difficile. Vous aviez peur de perdre la maîtrise. Vous interveniez à tout bout de champ. Vos collaborateurs se sentaient étouffés, voire sous pression. Le niveau de stress augmentait dans votre équipe. Jusqu'à ce que vous preniez conscience de la différence qu'il peut y **avoir** entre « pilonner » et « piloter ».

Toujours présente, vous ne laissez pas souffler votre entourage. Un projet en appelle un autre. Il se passe toujours quelque chose et tout le monde a envie d'en être !

C'est autour des points d'accord que vous rassemblez et fédérez les énergies. Vous savez les trouver, les formuler, les entériner et les traduire en projets au sein desquels chacun prend sa part.

Vos arbitrages fondés sur une analyse rationnelle et factuelle des données ont pour but de ne jamais laisser pourrir une situation. Ils s'appuient sur un partage des rôles précis. Ils vous permettent de recentrer rapidement chacun sur ses objectifs et d'éviter les déperditions d'énergie dans des conflits d'influence ou de pouvoir.

Vous coordonnez des experts et votre rôle consiste à faire en sorte que les bonnes compétences soient bien mobilisées, au bon moment.

Quel type d'animateur ou d'animatrice êtes-vous ?

Quelles compétences avez-vous expérimentées sur ce plan ?

. . . .

Quelles limites avez-vous détectées ?

. . . .

Dans quels contextes les avez-vous mises en œuvre ?

. . . .

Quels enseignements en tirez-vous ?

. . . .

3. *Vous avez dit, contrôler ?*

Vous apportez un soin particulier aux règles de reporting. Vous veillez au feed-back dont vous avez expérimenté l'importance dans l'accompagnement de vos collaborateurs. Vous prévoyez ainsi des rendez-vous de régulation, avec eux comme avec vos hiérarchies. Très précieux et appréciés de tous, ils vous ont permis de traverser des tempêtes où vous avez vu, parfois, certains se faire engloutir.

Vous appelez cela « soigner » vos collaborateurs. Ils font l'objet de tous vos soins, de toute votre attention. Vous savez tenir vos distances, bien sûr. Mais vous savez aussi tout ce qui se passe « chez vous », comme vous dites. Rassurés par votre présence discrète, bienveillante et aussi exigeante, leur énergie peut se tourner entièrement vers les buts poursuivis.

Vous savez dire ce qui ne va pas et vous n'oubliez pas non plus de féliciter. Vos collaborateurs se sentent ainsi exister. Ils peuvent se remettre en question sur les vraies priorités et progresser. On dit autour de vous que votre direction est une pépinière et elle est recherchée par ceux qui voient en vous un mentor et une autorité sur laquelle ils peuvent s'appuyer.

Vous vous montrez intransigeant sur la qualité des productions de votre entourage. Votre regard acéré ne laisse rien passer. Ils savent qu'ils doivent faire ce qu'ils disent, et qu'ils ne pourront pas reporter à plus tard, ni sauver la face par des promesses.

Quel type de contrôleur ou de contrôleuse êtes-vous ?

Quelles compétences avez-vous expérimentées sur ce plan ?

. . . .

Quelles limites avez-vous détectées ?

. . . .

Dans quels contextes les avez-vous mises en œuvre ?

. . . .

Quels enseignements en tirez-vous ?

. . . .

ᕗ *Faites la synthèse. Les ressources de votre dimension pouvoir/*
management

Reprenez les éléments dominants de vos caractéristiques de manager et faites votre portrait. Décrivez.

. . . .

Quels fondamentaux voyez-vous émerger de cette description ?

. . . .

LA DIMENSION STRUCTURE/ORGANISME : IDENTIFIER ET VIVRE SON RÔLE D'INTÉRÊT GÉNÉRAL

La dimension structure/organisme implique de se sentir porteur du « code génétique » de son environnement. Quel que soit notre rôle dans l'organisation, notre position, nous sommes, de par notre fonction, un rouage indispensable. Quelle conscience en avons-nous ? Comment cela intervient-il dans la manière dont nous exerçons nos responsabilités ?

La dimension structure/organisme est celle à laquelle accède toute personne qui agit en ayant conscience qu'elle appartient à un environnement plus large que celui qui l'entoure directement, et que son comportement n'est pas sans conséquences, bien au-delà du fait d'exécuter les tâches inhérentes à sa fonction.

La dimension structure/organisme correspond, par exemple, à la dimension citoyenne de celui qui s'investit dans la vie de sa commune ou de l'établissement scolaire de ses enfants ou encore dans une cause humanitaire ou, pourquoi pas, écologique (en dehors de toute considération politique, bien sûr), en tant que citoyen du monde.

Elle a des spécificités qui en font à la fois la valeur et la difficulté :

✓ C'est une « métaposition » : elle correspond à un élargissement de l'espace, à une prise de recul par rapport à la gestion directe d'opérations, de problèmes.

✓ Elle implique de chercher à comprendre et parfois savoir définir l'environnement au sein duquel on s'inscrit.

✓ C'est la position de celui qui porte l'intérêt supérieur commun et qui le traduit de façon à tracer le chemin sur lequel lui et/ou les autres vont s'engager.

✓ C'est celle du mandataire comme de toute personne qui ouvre son espace et situe ses actions dans leurs implications vis-à-vis de la collectivité. Elle a un sens élargi de son rôle qu'elle intègre non seulement par le biais des résultats à atteindre mais aussi de la finalité qui leur donne leur raison d'être.

Elle nous ouvre à la complexité et aux paradoxes des constructions humaines : un piège ou une opportunité ?

On peut y trouver, des stratèges, des « bâtisseurs », des « garants », des « veilleurs », des « gardiens », des « pasteurs » et des « bergers », des « penseurs », des « sorciers » de nos anciennes tribus, des « prêcheurs », des « empereurs », des « prophètes », des « visionnaires », des « explorateurs »… et tous ceux qui œuvrent pour l'humanité.

Et vous ? Vous sentez-vous « prince/princesse » ou « grenouille » ? Et si vous cherchiez le « prince » ou la « princesse » qui est en vous ?

Vivre sa dimension structure/organisme correspond à penser, voir, vivre, sa vie comme ayant une fonction dans la société humaine. Elle va porter sur des enjeux d'ordres différents qu'il s'agit de comprendre et de traduire dans la manière de vivre son quotidien. Ils sont d'ordre éthique, stratégique, de développement, d'organisation, ou encore de gestion.

Comme la dimension pouvoir/management, elle implique de s'ouvrir, elle est générosité, don, service, sinon, elle n'est que simulacre masquant l'ambition pour soi, la recherche du profit personnel, propre au gourou ou à l'arriviste, par exemple.

Le champ de l'éthique

L'éthique se joue dans le rapport que l'on a à soi, aux autres, au travail et à l'environnement, à la société. Il s'agit d'un sujet vaste et complexe qui ne fait pas, ici, l'objet d'une exhaustivité, si tant est qu'elle soit possible. En revanche, la question mérite d'être posée. Les réponses que l'on y fait ont bien sûr une incidence quant à l'environnement que nous recherchons. Par ailleurs, l'éthique, dans le sens qui lui est donné ici, ne fait référence à aucune notion morale. Elle est un champ sur lequel on va plus ou moins s'exprimer.

Cela commence par la maîtrise de son ego, le recul dans le rapport à soi. Si vous êtes habité(e) de vous-même, vous ne pouvez pas vous ouvrir au monde environnant. Vous défendez, alors, sous le nom d'éthique, votre propre intérêt ou celui de votre groupe social.

> L'œuvre à laquelle vous avez contribué est reconnue et saluée par tous. Mais que vous est-il arrivé tout à coup ? Le succès a provoqué un emballement et vous avez perdu le sens des limites. Certains diront que vous vous êtes vu devenir le « roi du monde ». Puis, le retour sur terre a été brutal.

Le rapport aux autres s'affirme dans la fiabilité, le courage et l'équité dans les relations nouées. Il va de pair avec un état d'esprit constructif. Il implique une cohérence entre soi, la finalité partagée avec l'autre, les autres, les objectifs négociés, les actions et la communication mises en œuvre. Il ne s'agit en aucun cas de complaisance. Il s'agit plutôt d'une relation explicite qui associe l'autre, sans pour autant se réduire à l'autre.

> Votre courage est votre atout le plus précieux. D'autant qu'il ne s'agit en aucun cas de brutalité, ce qui est une confusion courante, mais au contraire il s'accompagne d'un profond respect pour vos interlocuteurs. Sans lui, vous n'auriez jamais pu mener à bien cette restructuration en profondeur de votre équipe. Il se manifeste par une grande cohérence entre vos paroles et vos actes, une communication explicite, la capacité à ne jamais laisser pourrir une situation.

Le rapport au travail et aux activités, au sens large, s'exprime par la force de l'engagement et par le sens de l'intérêt général. L'intérêt général n'est pas opposé aux intérêts particuliers. Il les prend en compte et les enrichit par l'exercice d'une synthèse qui en fait plus qu'une stricte compilation ou juxtaposition de ces intérêts particuliers. Cela implique une étoile, et des regards qui convergent vers cette étoile.

> Vous comptiez sur votre nouveau statut pour vous faire respecter. Vous avez adopté une attitude d'évaluation du travail des autres, sans vous impliquer vous-même. Chacun a commencé à chercher comment se protéger au lieu de se mobiliser sur son travail et ses objectifs. Des comportements individualistes ont vu le jour. Vous-même avez adopté une position défensive. Vous sentiez que la maîtrise vous échappait petit à petit. La structure dont vous aviez la responsabilité a explosé.

Le rapport à l'environnement et à la société correspond à la prise en compte de l'environnement économique et social où nous évoluons, et à l'intégration des implications de nos choix sur l'extérieur.

> Vous avez été sensibilisé avant les autres au problème de transmission des savoir-faire que va occasionner le « papy boom », dans les années à venir. Votre rôle de dirigeant d'une petite structure, la forte technicité de votre métier, proche de l'artisanat, et l'esprit d'appartenance qui caractérise vos équipes ont fait de vous un précurseur : parrainage, tour de France des ateliers, programmes internes de formations délivrées par des collègues instituant la transmission du savoir comme facteur essentiel dans l'évaluation de la performance. Vous avez su faire de votre entreprise une entreprise où l'on apprend, où l'on se développe, connue et recherchée pour son professionnalisme exigeant.

Votre engagement sur le champ de l'éthique

Quelles ressources, quelles limites également, avez-vous expérimentées sur ce champ ?

. . . .

Au service de quoi les mettez-vous en œuvre ?

. . . .

Que voudriez-vous développer encore ?

. . . .

Que voulez-vous arrêter ?

. . . .

Le champ de la stratégie

Être acteur de ce champ, c'est à la fois vouloir s'y intéresser et s'en donner les moyens, vouloir le comprendre et y jouer son rôle (soit de formalisation, soit de traduction dans son quotidien de la stratégie qui a été définie), c'est enfin communiquer, pour expliciter, se réguler. C'est le champ du futur et de son chemin. Quel futur ? Quel est mon futur dans cette structure ? Quel est son futur ? Comment y arriver ? La stratégie implique la mise en œuvre de compétences spécifiques : la vision, l'élaboration, la direction.

Par la vision, vous évaluez votre environnement, vous le projetez dans le futur, vous formulez et partagez des devenirs possibles. Vous avez un projet pour votre structure. Il est clair dans votre esprit. C'est votre étoile. C'est elle qui porte l'intérêt supérieur commun, la finalité qui rassemble. C'est elle qui permet de construire ensemble, dans la durée. C'est elle qui fait et qui défait les associations.

Vous dirigez depuis un an la filiale historique, berceau de l'entreprise à sa fondation. Quel est votre projet pour cette filiale ? « Améliorer les comptes », me dites-vous. Et encore ? « Remettre de l'ordre, embaucher, il manque des compétences. » Est-ce cela, un futur enthousiasmant et fédérateur ? Depuis votre arrivée, cette filiale ne cesse de plonger. Êtes-vous étonné ? Autour de quel futur rassemblez-vous les énergies ? Vous n'avez pas de futur à proposer à vos collaborateurs. Vous ne pouvez pas diriger dans ces conditions.

Quand vous avez démarré, vous étiez seule. Aujourd'hui, vous êtes des milliers, dans le monde entier. Votre secret, y avoir cru et ne jamais oublier le sens de votre engagement dans les difficultés du quotidien. Les yeux fixés sur votre étoile, vous y avez puisé la force.

L'élaboration situe les choses dans le temps, dans un continuum de temps et fait le lien entre aujourd'hui et demain. Elle permet de matérialiser la vision à travers une succession d'objectifs, d'étapes. Elle construit la pérennité. Elle met en mouvement car elle trace le sillon. Elle organise les flux d'énergies.

> Vous accompagnez professionnellement le dirigeant fondateur de cette petite structure dans le domaine du conseil. Cette entreprise, c'est un peu la vôtre. Vous avez grandi avec elle. Vous avez vécu ses joies comme ses peines. Vous savez, vous sentez, ce qu'il faut faire. Vous bouillez intérieurement car il ne se passe plus rien et vous avez le sentiment d'assister, impuissante, à la chronique d'une mort annoncée. Vous avez mis sur le papier votre plan de redressement. Force de proposition, vous vous avouez difficilement battue. Mais aujourd'hui, vous n'êtes plus tout à fait sûre de comprendre la finalité poursuivie et vous sentez que vous commencez à décrocher.

> Vous veillez à structurer le temps, à fixer les étapes, leurs indicateurs, et ainsi, vous balisez vos projets d'une succession de petits moments toujours marqués, parfois festifs, prévus à l'avance, et qui les rendent vivants tout au long du chemin à parcourir.

La direction donne le sens des actions et incarne le futur visé dans les options prises au présent. C'est là que le mot « cohérence » trouve tout son sens : le comportement au quotidien est porteur du futur que l'on crée et le contient déjà en germe. Chaque personne, dans chaque milieu auquel elle appartient, par son comportement aujourd'hui, contribue à créer ce que sera le futur de cet environnement.

> Vous avez mis huit ans pour détruire ce que vos prédécesseurs avaient mis quarante ans à construire. La conjoncture, la guerre économique, la mondialisation, les charges sociales… sont autant d'excuses mises en avant. Revenons toutefois en

arrière. Faire tourner la machine et l'exploiter au maximum a été longtemps votre leitmotiv : exploiter sans développer ne mène souvent qu'à une issue fatale.

Faire des coups ne vous a jamais intéressé. Votre but, construire et transmettre. Cela vous a amené parfois à prendre des décisions difficiles, à sacrifier le présent au bénéfice du futur. Vous avez été critiqué. La durée vous a donné raison.

Votre engagement sur le champ de la stratégie

Quelles ressources, quelles limites également, avez-vous expérimentées sur ce champ ?

. . . .

Au service de quoi les mettez-vous en œuvre ?

. . . .

Que voudriez-vous développer encore ?

. . . .

Que voulez-vous arrêter ?

. . . .

Le champ du développement

Il comprend deux axes majeurs, celui du renouvellement, qui seul permet la vie, et celui de l'expansion, qui, elle, permet de prendre l'initiative, de choisir son terrain. Être acteur sur ce champ, c'est ne pas se contenter de ce qui existe mais aspirer à autre chose, c'est vivre le manque comme un élément de motivation et de stimulation. C'est entretenir une insatisfaction constructive. C'est encore s'émerveiller des ressources infinies du cerveau humain et savoir qu'il n'a jamais fini d'inventer. C'est être en route, en permanence, sur un chemin où il y a toujours autre chose derrière le prochain tournant, quelque chose à découvrir. C'est être impatient de l'explorer. C'est aimer en faire profiter le monde vivant. C'est ne jamais poser sa besace car s'arrêter, ce serait disparaître ! C'est être infatigable dans sa quête. C'est s'y ressourcer, s'y régénérer.

Le renouvellement, c'est accepter que les choses changent, s'adaptent, évoluent. C'est se nourrir du déséquilibre que cela entraîne, des défis que cela constitue. C'est mettre son imagination et celle de son entourage au service des produits, des services, commercialisés par l'entreprise. C'est créer, innover, pour s'adapter, s'améliorer, pour surprendre aussi.

> Vous avez en charge la direction d'une filiale de ce groupe mais vous avez toujours gardé un goût et aussi un don pour la technique dans votre métier. Vous avez déposé plusieurs brevets et vos collaborateurs ne s'y trompent pas, ils traquent la remarque, le mot, sur lequel ils pourront s'appuyer pour optimiser leur organisation. D'ailleurs, vous n'en êtes pas avare pour qui sait vous écouter et traduire. Vous apportez une forme de génie, d'art, à leur métier très pragmatique.

> Inventeur, c'est votre activité. Vous avez été à l'origine de quelques révolutions dans notre vie quotidienne au cours des quarante dernières années.

L'expansion, c'est la conquête et les moyens qui l'accompagnent, c'est connaître et aimer son client, c'est trouver des synergies, promouvoir ses idées, conduire le déploiement interne et externe, faire savoir et faire connaître.

> Vous avez un tempérament d'envahisseur. Il vous faut occuper l'espace, le prendre, faire reculer les autres.

> Votre façon de vivre dans le monde, c'est de partir à sa découverte et nous faire aimer ces lieux sauvages où vous porte votre quête.

Votre engagement sur le champ du développement

Quelles ressources, quelles limites également, avez-vous expérimentées sur ce champ ?

. . . .

Au service de quoi les mettez-vous en œuvre ?

. . . .

Que voudriez-vous développer encore ?

. . . .

Que voulez-vous arrêter ?

. . . .

Le champ de l'organisation

Le champ de l'organisation implique l'action sur un espace à la fois matériel et humain. Se donner les moyens d'agir sur cet espace, c'est l'aborder avec l'intention de le comprendre, de s'y situer, de le transformer, de le faire vivre, de tirer parti des moyens qu'il met à notre disposition. Nous pouvons être cet architecte qui en trace les structures. Nous pouvons également y être présent par la compréhension de notre rôle et notre finesse pour le jouer. Nous pouvons encore être cet ajusteur, ce régleur qui en favorise l'harmonie ; ou bien ce valorisateur qui en voit les possibilités non encore exploitées et qui les fait apparaître. Il fait interagir différents niveaux de structures. Nos apports y sont d'autant plus riches que nous sommes à la fois, vis-à-vis de cet environnement, Sherlock Holmes qui observe et, à partir de données éparses, crée un tout cohérent, Léonard de Vinci qui s'empare de l'existant pour le transformer, Gaudi qui imagine des architectures à la fois fonctionnelles et originales, Napoléon pour le sens de la position et du positionnement.

Il comprend ainsi plusieurs axes majeurs : l'état des lieux, qui constitue une sorte de préalable, l'architecture et le positionnement, enfin, la valorisation.

L'état des lieux permet de faire l'inventaire de ce qui existe et de comprendre les rouages, c'est-à-dire les leviers de facilitation et de blocage. L'état des lieux nous donne les moyens d'agir sur l'organisation, de trouver les meilleurs angles pour l'appréhender, le fil à tirer qui, tel le battement d'aile du papillon, génère en cascade une série d'événements recherchés. Plus cet inventaire est détaillé, informé, plus l'action est précise, ciblée, orientée et son impact, profond.

> Vous visez juste, comme vous l'ont dit vos patrons successifs. Votre secret ? Le temps qu'ils ont tous eu la sagesse de laisser à votre libre évaluation. Quand vous êtes prêt, tout est en place pour passer à l'action. Il n'y a plus qu'à vous donner le feu vert. Pour arriver à ces résultats : un sens infini du détail et de la précision de l'observation, de l'organisation des informations récoltées puis de leur mise en relation.

L'architecture consiste à penser et construire les bases de l'environnement concerné en travaillant sur le système fonctions/compétences/interactions, sa hiérarchisation et son articulation avec les systèmes environnants. Elle permet de poser le cadre, de le structurer et de visualiser ce qui se passe quand il bouge.

> Votre rôle de consultant interne vous mobilise sur l'ensemble des changements à conduire dans l'entreprise. On vous appelle « L'architecte ». Vous aimez ce surnom. Il reconnaît et nomme votre aisance à mailler un territoire puis y ordonnancer l'activité et prévoir les interactions.

Le positionnement, c'est cet art pour se placer dans un espace, pour y affirmer son rôle et pour le tenir. C'est la qualité particulière de ceux qui, où qu'ils soient, savent avoir le mot et l'acte justes. C'est connaître sa place et l'occuper totalement. C'est aussi avoir conscience de son rôle et pouvoir positionner les autres par rapport à soi et au sein de l'environnement où l'on évolue avec eux.

> C'est une parfaite conscience de votre rôle, dans chaque environnement où vous vous trouvez, qui vous permet de trouver ce ton juste tellement apprécié des autres. Par votre accompagnement et par mimétisme, autour de vous, chacun trouve la place qui convient au rôle que vous lui confiez.

La valorisation concerne l'amélioration et l'optimisation. Elle implique une remise en question permanente, le goût de faire mieux et d'obtenir le maximum des moyens qui sont à notre disposition. Elle est votre responsabilité de patron comme la responsabilité de chacun de vos collaborateurs.

> Vous ne vous endormez jamais sur vos lauriers. À peine réussi le défi que vous vous étiez fixé, vous cherchez comment vous auriez pu faire plus et mieux, et... vous trouvez. Fort de cette ambition, vous avez pris soin de vous former, vous et tous vos collaborateurs. Quand vous avez connu les grands changements de votre métier, vous étiez tous prêts à mobiliser votre force d'apprentissage individuelle et collective.

Votre engagement sur le champ de l'organisation

Quelles ressources, quelles limites également, avez-vous expérimentées sur ce champ ?

. . . .

Au service de quoi les mettez-vous en œuvre ?

. . . .

Que voudriez-vous développer encore ?

. . . .

Que voulez-vous arrêter ?

. . . .

Le champ de la gestion

Le champ de la gestion concerne l'argent et tout ce qui a trait à son traitement. Cela passe par les chiffres et ce que l'on en fait. Cela concerne aussi les profits et la façon de les obtenir puis de les investir. Cela consiste en une compréhension des flux, en leur comptabilisation et en leur utilisation.

Les chiffres constituent la ressource première sur ce champ pour connaître et suivre les résultats et leur progression. Il s'agit de savoir jongler avec eux et de les faire parler. Ils sont abordés ici comme des éléments ressources et comme des éléments de contrôle et de maîtrise.

> Vous dévorez les chiffres comme d'autres dévorent des sucreries ! Aucun projet, aucune idée, ne sort de votre imagination sans avoir pour origine votre lecture et votre traduction d'informations chiffrées. Même le climat qui règne dans vos services est imprégné de tableaux et de graphiques de couleur, accommodés de pourcentages qui, comme par magie, contiennent l'essence des projets que vous allez développer demain.

Le sens du profit se mesure sur deux extrêmes : la maîtrise des coûts et la valeur ajoutée des investissements. Tout l'art consiste à répartir ces flux et à projeter une vision dans le temps.

> Vous vous êtes affrontés vigoureusement, avec votre patron, sur ce sujet de la valorisation des investissements. Visiblement, vous n'avez pas les mêmes méthodes de calcul. Je vous sens ébranlé. Vous vous posez des questions. Vous vous sentez remis en cause dans vos fonctions. Profits à court terme ou pari sur l'avenir ? Le fond de la question, ce ne sont pas les chiffres, mais le temps ! Qu'en pensez-vous ? Quelle marge de manœuvre pouvez-vous y trouver ?

Votre engagement sur le champ de la gestion

Quelles ressources, quelles limites également, avez-vous expérimentées sur ce champ ?

. . . .

Au service de quoi les mettez-vous en œuvre ?

. . . .

Que voudriez-vous développer encore ?

. . . .

Que voulez-vous arrêter ?

. . . .

*Faites la synthèse. Vos ressources sur la dimension structure/
organisme*

Reprenez les éléments dominants de la dimension struc-
ture/organisme et faites votre portrait. Décrivez.

. . . .

Quels fondamentaux voyez-vous émerger de cette
description ?

. . . .

ET NOS TALENTS… ?

Alexandre a beaucoup investi la dimension managériale.
C'est un homme d'espace, qui entraîne et contrôle avec une
énergie toujours renouvelée. Il n'aurait jamais pu réussir sans
un solide sens de la construction. Même s'il se montre dur, il
n'est jamais injuste. Il a su s'entourer de compétences complémentaires et leur donner l'environnement où s'exprimer. Il en
a perdu certaines. Mais, majoritairement, il crée des relations
fortes et ses collaborateurs lui sont fidèles. Avec lui, ils se
construisent.

Juliette se caractérise par sa stabilité et sa régularité dans
l'action. De contact agréable, elle peut manquer d'emprise sur
son entourage, mais on l'écoute. Elle a des qualités d'organisa-
trice opérationnelle. Quand elle n'est pas d'accord, elle résiste.
C'est son point faible, elle le sait.

Louis s'affirme en professionnel. C'est son orgueil et c'est ce
à quoi il a consacré sa vie. La dimension activités/métier est
portée à un très haut niveau d'excellence par cet homme aussi
exigeant pour lui que pour les autres. Esprit curieux, quand il

crée un nouveau plat, un nouveau concept, il utilise des liens avec des domaines aussi différents que la botanique, la peinture, la sculpture, la couture, les saisons, la géographie… pour alimenter son inventivité. Son savoir-faire, c'est son tour de main. Celui-ci, il ne peut pas le donner. Mais il a l'habitude de dire qu'il lui vient de la passion.

Clémentine a investi avant tout l'expression de sa dimension personnelle pour réussir comme elle l'a fait, par la qualité de ses relations et la confiance qu'elle génère ainsi. Elle l'exprime avec un profond sens de l'éthique. Quant au fait de porter l'intérêt supérieur commun, c'est ce qui donne sens à son action et ce sur quoi elle rassemble chacun. Elle ne le répète jamais assez : « C'est en prenant soin des autres, que vous prenez soin de vous. »

Germain est un battant. Il a besoin de sentir son influence. S'il peut être agressif, il sait aussi retourner une situation et permettre à l'autre de sauver la face. Il a du mal à s'ouvrir au management car il est très indépendant et assez… élitiste. Il a un tempérament de développeur et de conquérant individualiste. C'est aussi son piège.

Marine se plaît à dire qu'elle est différente et elle n'aime pas se décrire. Elle a l'impression de se réduire. Elle tient à garder son mystère. C'est là que se situe sa dimension, dit-elle. « Je me vois comme le Juif errant, je suis partout et nulle part à la fois, hors du temps, je me sens une femme d'éternité. »

Charles a une personnalité ouverte sur le monde et débordante de vie. Le champ de ses connaissances est vaste. L'ampleur de sa réflexion, la puissance de sa pensée, font de lui un précurseur. Elles font aussi son charisme. Il ne manage pas. On vient pour être managé par lui ! Ceux qui l'approchent se nourrissent de l'expérience humaine et intellectuelle que cela constitue pour eux. Homme d'éthique, c'est le sens qui le guide.

Thomas a une dimension gestion forte. Son point fort est dans sa position de garant. Que ce soient les chiffres ou les procédures, il se montre vigilant. Fiabilité et maîtrise sont ses maîtres mots. Les autres l'apprécient car ils lui font confiance. Mais il manque un peu de confiance en lui et ne peut donc pas encore prendre une responsabilité où il serait directement exposé.

Paul est un épicurien. Il se développe et agit avec efficacité dans le plaisir. Ses attraits sont donc à prendre en compte si on veut le fidéliser. C'est d'ailleurs pour lui un critère important de choix, chaque fois qu'on lui propose un nouveau projet. Il privilégie la marge de manœuvre et l'ouverture ainsi que la diversité des sujets sur lesquels il aura à intervenir. Il est prêt à se lancer dans de nombreuses expériences à condition qu'elles ne le conduisent pas à se spécialiser. Certains peuvent voir en lui un profiteur. Il se définit plutôt comme un opportuniste. Ce sont l'action sur les autres et l'ouverture d'opportunités pour la structure à laquelle il appartient qui le motivent plus particulièrement.

Faites la synthèse. Identifiez vos dimensions dominantes

Voici quelques questions à vous poser pour identifier la place relative de ces quatre dimensions dans votre vie et les enseignements à en tirer concernant vos priorités et vos compétences.

Vos priorités

Identifiez le plus important pour vous : vous exprimer, avec vos forces et vos faiblesses et vous réaliser ; vous faire reconnaître comme un(e) professionnel, un(e) expert(e), dans votre métier ; exercer une influence et entraîner, gérer une ou des équipes ; jouer un rôle à dimension structure/organisme, orienté sur des problématiques d'éthique ou de stratégie ou de développement ou d'organisation ou de gestion…

Dans quoi investissez-vous le plus d'énergie ?

. . . .

Sur quels critères vous fondez-vous pour faire ce diagnostic ?

. . . .

Quelles lignes de force se dégagent, de votre point de vue, de ce que vous observez de votre fonctionnement sur les quatre dimensions ?

. . . .

Vos compétences

Quels fondamentaux voyez-vous se dégager ?

. . . .

À quelles compétences vous donnent-ils accès ? Comment les exprimez-vous ?

. . . .

Quelle reconnaissance en avez-vous ?

. . . .

Avez-vous envie de vous investir différemment ? comment ? Qu'est-ce que cela implique pour vous ? Êtes-vous prêt(e) à faire l'investissement ?

. . . .

Vous sentez-vous des potentialités inexploitées ou mal exploitées ? Lesquelles ? Que pourriez-vous faire pour les exploiter de manière plus satisfaisante pour vous ?

. . . .

Chapitre 6

À TALENT UNIQUE, COMPÉTENCES MULTIPLES

*TRANSFORMER LA MATIÈRE RÉCOLTÉE POUR EN FAIRE
UNE SYNTHÈSE ET ALLER PLUS LOIN,
FORMULER SES POSSIBLES*

Nous approchons maintenant de la fin de notre périple et du début de l'après… Au fil des pages, de ce qu'elles vous ont inspiré, vous avez récolté une matière sur laquelle vous allez pouvoir vous appuyer pour d'abord la recenser, puis la trier et la hiérarchiser, et enfin l'organiser pour en faire émerger votre talent et la transformer en possibles personnels comme professionnels. Si vous préférez et si vous vous sentez prêt(e), vous pouvez aussi passer directement à l'écriture du « livre de vos talents ».

Un outil fondamental : le processus de simulation et ses outils

C'est le moment d'aborder ce que j'appelais, au début du livre, le processus de simulation. Il s'agit d'un outil d'organisation des données que vous avez récoltées, « un moteur de recherche » comme l'a appelé une personne que j'accompagnais.

Il s'appuie sur la formulation précise et détaillée de l'observation : il contribue à faire émerger de l'information utile de l'ensemble des investigations qui précèdent.

Il l'organise et permet ainsi de discerner les relations éventuelles entre les différents éléments issus de l'observation, d'identifier celles qui donnent du sens, de mettre en interaction les informations nouvelles qui apparaissent, en favorisant un regard systémique et combinatoire.

Il facilite la représentation de réalités potentielles : formaliser différents possibles, s'imaginer les vivre et faire des choix.

Avant d'en arriver à ces représentations, vous passerez par les étapes suivantes qui seront détaillées plus loin, accompagnées par des tableaux successifs qui vous aideront dans la mise en œuvre :

1. La matière dont vous partez est constituée de l'ensemble des éléments issus de votre travail d'exploration et, en particulier, des fondamentaux que vous en avez extrait au fur et à mesure.

2. Vous choisissez d'abord, parmi les éléments clés identifiés, ceux que vous allez retenir pour les combiner ; c'est la phase de tri. C'est à l'issue de cette phase que vous allez chercher le talent qui émerge. Il est l'essentiel, la synthèse des fondamentaux que vous retenez. Il les résume en une phrase, quelques mots.

3. Vous imaginez, ensuite, et décrivez la manière dont vous pourriez mettre en scène votre talent et faire interagir vos ressources, pour quoi faire. C'est la phase de « mise en vie ». Vous rendez vivants des critères, des données, en les contextualisant. Vous mettez de la chair autour de votre talent.

4. Vous en déduisez un/plusieurs « possible (s) » qui correspond(ent) à ces critères, ces données et que vous avez envie d'explorer. C'est la phase de projection dans l'action.

5. Vous identifiez les fonctions de ces différentes données dans le « possible » que vous imaginez. C'est la phase de construction de la réalité qui les englobe.

6. Vous cherchez les différents contextes où vos « possibles » vont avoir à se situer. Vous les poussez jusqu'aux extrêmes auxquels ils pourraient être soumis pour mesurer les conséquences que cela

peut avoir sur eux, les bouleversements éventuels liés à la pression. Vous diagnostiquez les changements que cela peut alors provoquer et leur incidence sur vous et sur le possible en question.

7. Vous évaluez si cette hypothèse vous paraît « viable » ou pas, pour vous, et aussi pour les différents acteurs qui seront concernés.

8. Si oui, vous passez à la formalisation du possible, c'est-à-dire : vous le décrivez, en donnez le sens pour vous et les critères sur lesquels vous l'avez validé, ainsi que les moyens complémentaires éventuels à acquérir pour passer à la mise en œuvre. Puis vous faites votre plan d'action.

À travers ce processus, vous faites une relecture de vos potentialités. Vous formulez ce qui fait votre valeur ajoutée spécifique : votre talent.

Le regard neuf et les différents points de vue que vous prenez vous font découvrir des opportunités dont elles sont porteuses mais qui ne vous étaient pas accessibles auparavant.

Des fondamentaux à la description des possibles

Les tableaux qui suivent vont vous aider à organiser puis trier l'information que vous avez, petit à petit, récoltée.

Ils vont vous préparer à écrire « le livre de vos talents ».

Vous allez refaire le chemin parcouru et extraire l'essentiel.

1. Formulez le terreau qui vous est favorable : les fondamentaux de votre cadre de vie personnel et professionnel

Votre cadre de vie constitue le terreau grâce auquel vous vivez et vous développez, dans les meilleures conditions. Il rend accessible votre talent dans le respect de votre écologie personnelle. Vous allez en faire une description de façon à pouvoir le visualiser avec précision. Fermant les yeux, vous en verrez les contours, les couleurs, entendrez les bruits, sentirez les souffles, percevrez l'énergie dont il vous remplit…

Ce qui me construit, les fondamentaux

Sens autorisés et enchaînements porteurs de succès	Contextes constructeurs	Environnements constructeurs

Cartographie de mon cadre de vie
Procédez comme pour une peinture ; décrivez avec le plus de détails et de précision les caractéristiques de l'environnement et de la manière dont vous souhaitez y vivre.

2. Formulez votre identité : les fondamentaux

Cette identité, c'est votre portrait. Vous pouvez maintenant l'écrire en reprenant les spécificités qui émergent de votre périple. L'écrire vous y familiarise, car vous allez découvrir soudain que vous parlez de vous différemment. L'écrire contribue à l'accepter et, plus encore, à l'aimer. Ce portrait, c'est la mise en mots de vos spécificités. Il comprend ce qui est de l'ordre de vos combustibles, ce qui vous met en mouvement (rythme propre, capital énergétique), ce qui est de l'ordre de votre vision du monde (moteurs internes, intelligences, domaines de préoccupations) et ce qui est de l'ordre de vos compétences, vos ressources sur les quatre dimensions. Ce portrait, à la manière de l'œuvre du peintre, vous allez en éclairer davantage certains angles, en nuancer d'autres, en faire émerger une image, la vôtre.

Pour vous aider à faire ce portrait, vous pouvez remplir ce tableau en y reportant vos spécificités, c'est-à-dire vos caractéristiques, vos forces, vos atouts dans ces différents domaines.

Inventaire de mes spécificités

Mes combustibles	Mes rythmes/mon rapport au temps
	Mon capital énergétique
Ma vision du monde	Mes moteurs internes
	Mes préoccupations
	Mes intelligences
Mes ressources Mes compétences	Ma dimension personnelle
	Ma dimension activités/métier
	Ma dimension pouvoir/management
	Ma dimension structure/organisme

Mon portrait
Pour écrire votre portrait, vous combinez les caractéristiques de vos combustibles, de votre vision du monde et de vos ressources.

Mon talent
Pour trouver votre talent, vous allez chercher ce qui fait le cœur de votre portrait. Ce qui lui donne son « âme », sa spécificité, son unicité. Vous dégagez d'abord la liste des mots les plus importants de votre portrait. Ensuite, vous cherchez autour de quoi se rassemble cette liste, ce qui en fait le liant, la cohérence. C'est là que se situe votre talent. Ce talent, il est au cœur de vous-même. Quand vous vous le formulez, peut-être ressentez-vous une émotion, comme une tension, au creux de l'estomac ; c'est bon signe, vous touchez à l'essence. Laissez venir les images, les sensations, les idées, les musiques, traduisez-les en mots.

3. Simuler et choisir

Une fois que vous aurez décrit votre cadre de vie et votre portrait, que vous aurez trouvé votre talent, reportez-en les éléments essentiels dans le tableau ci-après. Puis, cherchez comment vous voulez orienter votre avenir, quelles priorités vous souhaitez lui donner, quel sens pour le futur. Les possibles sont alors les projections dans lesquelles vous pourriez donner vie à votre talent et mettre en œuvre l'ensemble de vos potentialités comme vous le souhaitez. Elles sont issues des différentes combinaisons de potentialités et de cadres de vie que vous avez envie de tester. Avant de les retenir, il faudra qu'ils passent l'étape de vérification.

 Le simulateur de possibles

Mon cadre de vie (Les éléments essentiels à mon équilibre)		Mon portrait (Les potentialités à mettre en scène)	
Mon talent			
Le sens dans lequel je souhaite m'engager pour l'avenir			
Mes possibles	Leur sens	Description	Vérification
P1			
P2			
P3			
P4			
Mes choix (le validateur de possibles peut vous aider à les faire)			

4. Pour choisir, un autre outil : le validateur de possibles

Une fois l'ensemble des données posé, il vous reste à regarder chaque possible à travers différents regards de façon à en vérifier le réalisme, à repérer vos atouts et les moyens éventuels à trouver. Pour cela, au cœur du schéma qui suit, décrivez le possible à valider. Puis, choisissez les « regards » qui vont le passer au crible : dans l'idéal, vous-même bien sûr, deux personnes concernées de votre entourage et un « observateur neutre », extérieur au système où vous évoluez. Votre travail de conclusion consistera à chercher les liens entre ces regards et à en faire la synthèse. Leurs enseignements vous apporteront des informations qui alimenteront votre choix.

 Le validateur de possibles

Description du possible			
Validation du possible			
Expert	**Ses « promesses »**	**Ses « risques »**	**Suggestions**
Mon regard sur le possible			
Le regard de « x » concerné par le possible			
Le regard de « y » concerné par le possible			

☞			
Le regard d'un observateur neutre sur le possible et sur les regards des autres			
Conclusion			

5. Formulez les domaines d'expression de vous-même que vous avez retenus et déployez vos possibles

Une fois les domaines où vous souhaitez vous exprimer clarifiés, il vous reste à penser votre plan d'action. Il implique d'abord de vous fixer un objectif pour chaque possible, et des critères, des indicateurs pour le rendre plus concret et palpable. C'est la finalisation de la vérification. Une fois ces critères identifiés, vous pouvez faire l'inventaire des moyens que vous possédez pour aller vers cet objectif. Ils comprennent ceux dont vous allez vous doter mais aussi les personnes sur qui vous allez pouvoir vous appuyer. Il ne faut pas oublier de chercher ce qui vous manque et où vous pourriez le trouver, ainsi que d'identifier ce qui ne dépend pas de vous et que vous allez devoir intégrer comme des données de base du contexte de départ.

Formulation et planification de mes possibles

Possibles (leur sens, leur description, leurs données de base)	**Objectifs et planning**	**Critères/ Indicateurs de réussite**	**Moyens disponibles**	**Moyens à trouver**

☞			
P1 :			
P2 :			

ET APRÈS...

À l'issue de ce voyage, de quelles promesses vous sentez-vous porteur(se) ? Vous en connaissiez certaines ; vous en avez peut-être découvert d'autres. Elles vous ouvrent certaines perspectives comme elles vous en ferment probablement d'autres.

Vous avez la tête pleine de ces possibles, de cet avenir que vous imaginez, dans lequel vous vous projetez. Pourtant, vous ressentez peut-être un sentiment de vide, de manque. C'est normal, car c'est maintenant que tout commence. Contre toute attente, vous n'arrivez pas à destination !

Vous êtes maintenant en partance vers des horizons pleins de promesses et aussi de surprises potentielles, que vous vivez peut-être comme autant d'incertitudes ! Vous avez peut-être l'impression de vous trouver au pied d'une immense paroi verticale ou encore, devant un gouffre dont vous n'apercevez pas le fond.

Vous sentez-vous suffisamment préparé(e) pour vous lancer ? Y a-t-il encore quelques réglages à prévoir pour être prêt(e) ?

Prenez votre temps. Trouvez vos appuis.

Ayez confiance… mais ne soyez pas naïf(ve), méfiez-vous de l'angélisme.

Mieux vous vous préparerez, à votre rythme, plus fortes seront les chances que vous mettrez de votre côté.

PAROLES DE TALENTS

Et maintenant, si nous donnions le mot de la fin aux talents de nos petites histoires :

À l'issue de ce voyage, **Alexandre** a consolidé sa volonté de diriger et de dominer. C'est pour lui une sorte de drogue. Il ne peut pas s'en passer. Il aime réaliser, construire, il mène ses affaires avec une main de fer. Profondément juste et cohérent avec lui-même, il est respecté. Mais si, hier, il recrutait des seconds, des hommes de paille, qui s'appuyaient sur sa force, y puisaient leur énergie, aujourd'hui, il a appris à laisser leur place à des personnalités solides et constructives qui contribuent activement à l'expansion de ses affaires. Il a osé dépasser sa « peur ». Il en est sorti grandi. C'est incontestablement lui qui dirige. Il impulse une puissance que rien ne semble pouvoir arrêter. Mais il commence à préparer demain. Et après lui ? Quel type de « dauphin » peut cohabiter à ses côtés ? Quel type d'homme peut lui succéder ? Comment le préparer ?

Juliette s'est affirmée dans son rôle et a trouvé sa place. Elle en a fait reconnaître l'importance. Elle a appris à mettre des limites aux autres. Elle a appris ce qui était bon pour elle, à le faire respecter. Elle a décidé d'arrêter de travailler et de se consacrer à des engagements citoyens. Son professionnalisme et son équilibre l'ont fait remarquer et on lui a proposé des responsabilités au niveau de sa ville. Elle ne sait pas encore ce qu'elle va faire. Elle réfléchit.

Louis a décidé de s'investir complètement dans la transmission de son savoir, de son art, devrais-je dire. Il en a fait sa priorité. Son exigence s'est humanisée. Ses élèves trouvent en lui un mentor. Il a ouvert son espace et trouve du temps pour sa famille, jouant vis-à-vis de ses enfants ce même rôle de transmission dans lequel il se réalise avec passion.

Clémentine se donne corps et âme et rien ni personne ne la changera. Elle a eu un moment de doute quand l'avenir de son institution a été en danger : « Tout ça pour rien ! » Sa réflexion lui a permis d'affiner son projet et de trouver les mots pour convaincre. Non seulement l'utilité de ce qu'elle fait a été reconnue mais elle a obtenu des budgets supplémentaires. C'est à l'œuvre de sa vie qu'elle se donne ainsi.

Germain a revu ses priorités de vie et a fait émerger un nouvel équilibre, un nouveau mode de vie et de contribution. Il s'est finalement lancé dans l'aventure du management. Après avoir tout misé sur sa personne, il expérimente de parier, aussi, sur la richesse… des autres. Il l'expérimente aujourd'hui. Il est encore trop tôt pour savoir si cela lui conviendra. Il s'est peut-être momentanément un peu trop éloigné de la « scène ». Il le sait, il le redoute, il se teste. Il est plus présent. Ses enfants en profitent pour l'accaparer ; ils ne perdent pas de temps : on ne sait jamais, il pourrait redevenir une étoile !

Pour **Marine**, ce voyage lui a permis de se réconcilier avec ses nostalgies intérieures dont elle a fait une force, sur laquelle elle va pouvoir s'appuyer pour continuer son chemin. Elle a fait le tri dans sa vie. Elle a définitivement abandonné les regrets pour se tourner vers l'avenir. Elle a trouvé son style. Dans ses sculptures, elle sonde les cœurs, elle représente la beauté des âmes. Dans ses recherches, elle est en quête de l'insondable, de l'invisible derrière le visible.

Quant à **Charles**, la vocation à laquelle il a donné sa vie a mûri et plus encore, la manière dont il s'y consacre et dont il fait de lui même son premier sujet d'expériences. Il écrivait. Il détruisait ses écrits. Il a décidé de donner sa part à ce talent encore insuffisamment exploré en lui. Il trouve son inspiration dans la vie et ses drames, ses bonheurs, ses beautés. Il m'a autorisée à publier cet émouvant poème en prose :

Lorsque la Fin s'approchera de moi,
Et que je sentirai ses griffes,
Sous l'ultime caresse de la vie,
J'espère, si je ne souffre pas trop,
L'accueillir, sans amour et sans haine,
Comme un très naturel retour à quelque chose de Plus Haut.

Thomas suit sa route avec calme et régularité. Dans la structure où il évolue, il a réussi, par son niveau de contribution, à devenir incontournable. Il prend de plus en plus de plaisir à ouvrir son champ d'intervention et à s'essayer sur de nouveaux sujets. Bien qu'encore timide, il affirme et défend ses positions, et impose une certaine discipline dans cette structure où celui qui avait finalement gain de cause était celui qui avait parlé en dernier.

Paul a pris en charge le développement d'une PME familiale qui souhaitait s'ouvrir à l'international. Il est jusqu'au cou dans les problèmes posés par la cohabitation de différentes cultures. Il n'est jamais au bout de ses surprises. La diversité de sa mission lui donne parfois le tournis. Très complémentaire avec son patron, bâtisseur infatigable, il lui apporte son audace et son optimisme et reçoit de lui le recul et la sagesse issus de l'expérience. Sur un plan personnel, il a donné corps à son goût de l'aventure et de l'exploration. C'est avec toute sa famille et sac au dos qu'il part à la découverte des cultures et des civilisations du monde.

CONCLUSION

UN TERREAU FONDATEUR,
UN NOUVEL ADN

NOUS APPARTENONS à la grande famille des êtres vivants. Nous avons une originalité parmi ceux-ci, celle de pouvoir agir, en partie, sur le monde qui nous entoure et de pouvoir le transformer. Cette originalité est à la fois fascinante et exigeante ! Elle nous met face à nous-mêmes. Nous pouvons, en effet, grâce à ce pouvoir, poursuivre notre propre projet, à l'intérieur du projet plus vaste qu'est celui de la Création et de la Vie. Cela ne vaut-il pas la peine de le construire ? d'y penser ? C'est à cela que je vous ai invité. Ne serait-ce pas dommage de passer à côté de nous-mêmes, de notre vie ?

Partir à la recherche de nos talents nous touche, émotion-nellement. Le moment où tout s'éclaire pour accéder à l'essentiel libère un fort potentiel d'énergie. Nos forces trou-vent soudain un espace où s'épanouir, un espace à féconder, celui de nos possibles.

Bien sûr, nous pouvons parfois nous tromper. Mais si vous avez en tête les sens autorisés et les sens interdits, vous ne ferez pas longtemps fausse route !

Bien sûr le milieu extérieur ne nous est pas toujours favo-rable. Mais le monde est grand ! L'espace est ouvert ! À nous de l'investir.

Le temps est avec nous ! Dans ce monde prisonnier du présent, je vous propose de construire dans la durée, en utilisant le levier puissant du temps. Il est le principal de vos alliés. Rien ne s'est fait sur cette terre sans le temps. Quand, parfois, le découragement vous gagne, pensez-y.

Vous connaissez maintenant le « terreau » qui vous convient l'ADN de vos compétences.

Vous avez la main sur vos combustibles, patrimoine énergétique, maîtrise du temps.

Vous avez levé un coin du voile que constitue votre vision du monde et vous pouvez ainsi l'utiliser, tirer profit de ses ressources.

Vous avez repéré vos compétences et vos préférences sur les quatre dimensions, personnelle, activités/métier, pouvoir/management, organisme/structure.

Vous avez formulé votre talent et le sens dans lequel vous avez envie de le vivre.

Des possibles ont émergé. Vous les avez validés avec votre entourage.

Vous voici prêt(e) à partir pour de nouvelles aventures.

Bonne chance !

Épilogue

À VOUS !

Le Livre de mes talents,
l'ADN de mes compétences

CET ESPACE EST À VOUS. Vous pouvez y écrire votre livre, celui de votre vie, de votre talent.

Qu'en avez vous déjà fait ?

Que voulez-vous en faire, aujourd'hui ?

Quel sens voulez-vous lui donner demain ?

Mon histoire de talent

Mon cadre de vie

Mes combustibles

Ma vision du monde

Mon capital de compétences

Mon talent

Le sens de mes possibles

Mes possibles et mon plan d'action

Le mot de la fin...

Merci

Merci à vous tous : depuis trente ans, vous êtes plus de cinq mille, dont l'expérience, toujours riche, unique, forte, passionnante, que vous avez accepté de partager lors d'entretiens de recrutement, de promotion, d'orientation, de développement, m'a donné la matière pour cet ouvrage et pour faire de mon métier ce q ue j'en fais aujourd'hui.

Merci à mon équipe qui m'accompagne fidèlement et professionnellement depuis maintenant dix-sept ans que je dirige le CEPIG et qui me pousse dans mes retranchements par ses résistances et ses propositions constructives.

Merci à ceux auprès de qui je me suis formée tout au long de ces trente années, qui m'ont supervisée, qui m'accompagnent et qui m'accompagneront encore ainsi que toute mon équipe, et qui nous permettent de grandir en compétences et de transformer notre pratique tout en respectant nos spécificités et les identités de chacun.

Merci encore à tous les autres, avec qui le partage, tant de pratiques que d'expériences, a été, chaque fois, l'occasion d'une véritable renaissance, une bouffée d'espace et d'oxygène.

Et un merci tout particulier à vous qui avez osé croire au talent, faire le pari que je vous proposais, aller chercher au fond, plus loin, au-delà des compétences, ce qui vous anime et fait de vous cet cet être vivant unique et sans pareil.

47349 - (I) - (2) - OSB 100° - FAB - MER

Achevé d'imprimer sur les presses de la
SNEL S.A.
rue Saint-Vincent 12 – B-4020 Liège
tél. 32(0)4 344 65 60 - fax 32(0)4 341 48 41
mars 2004 - 31307

Dépôt légal : mars 2004
Imprimé en Belgique